ŚNIENIE
[Dreaming]

MARTA ZELWAN

Translated from the Polish by
Victoria Miluch

```
the operating system
GLOSSARIUM : UNSILENCED TEXTS
print//document
```

DREAMING
(Śnienie)

ISBN: 978-1-946031-45-7
Library of Congress CIP Number: 2019901272
copyright © 2019 by Marta Zelwan
translation copyright © 2019 by Victoria Miluch
edited and designed by ELÆ [Lynne DeSilva-Johnson]
interior layout by Zoe Guttenplan with ELÆ

is released under a Creative Commons CC-BY-NC-ND (Attribution, Non Commercial, No Derivatives) License: its reproduction is encouraged for those who otherwise could not afford its purchase in the case of academic, personal, and other creative usage from which no profit will accrue. Complete rules and restrictions are available at: http://creativecommons.org/licenses/by-nc-nd/3.0/

For additional questions regarding reproduction, quotation, or to request a pdf for review contact operator@theoperatingsystem.org

This text was set in Minion, Euphemia UCAS, and OCR-A Standard.

[Image description:]
The cover features art by contemporary Polish artist Agnieszka Brzeżańska's series "Sound Waves, Light Waves, Dance Waves." The series created interpretive renderings of archival photos of modern dance from the New York Public Library's collection. The original photo is of "Ted Shawn and his male students," at Shawn's Los Angeles school in the 1940's. Brzeżańska's piece is from 2010. (Provided by / used with permission of the artist.)

Your donation makes our publications, platform and programs possible! We <3 You.
http://theoperatingsystem.org/subscribe-join/

```
the operating system
```
141 Spencer Street #203
Brooklyn, NY 11205
www.theoperatingsystem.org
operator@theoperatingsystem.org

ŚNIENIE
[Dreaming]

GLOSSARIUM : UNSILENCED TEXTS
the operating system c. 2019

2019 OS SYSTEM OPERATORS

CREATIVE DIRECTOR/FOUNDER/MANAGING EDITOR: ELÆ
[Lynne DeSilva-Johnson]
DEPUTY EDITOR: Peter Milne Greiner
CONTRIBUTING EDITOR, EX-SPEC-PO: Kenning JP Garcia
CONTRIBUTING EDITOR, FIELD NOTES: Adrian Silbernagel
CONTRIBUTING EDITOR, IN CORPORE SANO: Amanda Glassman
CONTRIBUTING EDITOR, GLOSSARIUM: Ashkan Eslami Fard
CONTRIBUTING ED. GLOSSARIUM / RESOURCE COORDINATOR: Bahaar Ahsan
JOURNEYHUMAN / SYSTEMS APPRENTICE: Anna Winham
DIGITAL CHAPBOOKS / POETRY MONTH COORDINATOR: Robert Balun
TYPOGRAPHY WRANGLER / DEVELOPMENT COORDINATOR: Zoe Guttenplan
DESIGN ASSISTANTS: Lori Anderson Moseman, Orchid Tierney, Michael Flatt
SOCIAL SYSTEMS / HEALING TECH: Curtis Emery
VOLUNTEERS and/or ADVISORS: Adra Raine, Alexis Quinlan, Clarinda Mac Low, Bill Considine, Careen Shannon, Joanna C. Valente, L. Ann Wheeler, Erick Sáenz, Knar Gavin, Joe Cosmo Cogen, Charlie Stern, Audrey Gascho, Michel Bauwens, Christopher Woodrell, Liz Maxwell, Margaret Rhee, Lydia X. Y. Brown, Lauren Blodgett, Semir Chouabi, J. Lester Feder, Margaretha Haughwout, Alexandra Juhasz, Caits Meissner, Mehdi Navid, Hoa Nguyen, Margaret Randall, Benjamin Wiessner

The Operating System is a member of the **Radical Open Access Collective**, a community of scholar-led, not-for-profit presses, journals and other open access projects. Now consisting of 40 members, we promote a progressive vision for open publishing in the humanities and social sciences.

Learn more at: http://radicaloa.disruptivemedia.org.uk/about/

Your donation makes our publications, platform and programs possible! We <3 You.
http://www.theoperatingsystem.org/subscribe-join/

ŚNIENIE
[Dreaming]

PATRZENIE W KAMIEŃ

Taki dzień jak prawie co dzień: światło półprzezroczyste, trochę czymś lekko przybrudzone, zwłaszcza pod wiatr i przy brzegach. Patrzę w kamień. Postępuję dokładnie według instrukcji, która brzmi: *Udaj się do lasu albo na łąkę, poszukaj kamienia, który zwróci twoją uwagę. Weź ten kamień ze sobą, nie większy niż dwie twoje pięści. Znajdź jakieś miejsce, usiądź tam i połóż kamień przed sobą. Siedząc przed kamieniem, zadaj mu pytanie, na które potrzebujesz odpowiedzi. Teraz skieruj wzrok na kamień i dokładnie przyjrzyj się jego górnej powierzchni. Patrz tak długo, aż zobaczysz tam jakieś stworzenie, a wtedy pomyśl, co próbuje ci ono powiedzieć o twojej sprawie. Przewróć kamień na drugą stronę i powtórz te same czynności: patrz, myśl, pytaj, słuchaj odpowiedzi. Następnie pomedytuj, jak połączyć w jedno otrzymane informacje. Kiedy zakończysz wszystko, z szacunkiem i wdzięcznością odłóż kamień na jego miejsce. Bez tego doświadczenie jest niekompletne lub nawet nieważne.*

Przyglądam się im w parku: który mógłby mi coś powiedzieć? Któremu w ogóle nie zawracać głowy? Moje pytanie dotyczy tego, co się dzieje w snach. Całego tego śnienia, które jest. O Bogu, śmierciach, pieśniach, czasach i przestrzeniach. We wnętrzu snów świat jest trochę inny niż gdzie indziej, ale zachowuje ciągłość mimo nieustannych zmian. Na tle rzeczywistości zbliża się, oddala. Wody snu porywają osoby i rzeczy, i unoszą je lub wyrzucają na brzeg. Jakby ktoś próbował odgadnąć myśli Boga, a potem odtwarzał je w snach. Może w ten właśnie sposób powstaje cały ten ogrom, ciała niebieskie, chmury i wiatr—a czasem także jawa?

Z głębi, z niewidoczności, wyłazi tymczasem stworzenie bezgłośne, nie zabarwione na żaden kolor, nie do końca zmaterializowane. Przypomina rysunki naskalne albo cień ducha na murze, albo niedokończoną, prymitywną rzeźbę. Nie zdziwiłabym się, gdyby—puszczone wolno— umiało żyć tysiąc lat. Wcielałoby się w różne kształty, zgęszczając się lub rozrzedzając, otwierałoby się lub zamykało w sobie zależnie od potrzeby—ale gdy zbliżam rękę, aby je uwolnić, czmycha.

LOOKING AT THE STONE

A day almost like any other day: half-transparent light, smudged lightly with something, especially in the wind and by the shoreline. I look at the stone. I follow the instructions exactly: *Go to a forest or meadow, look for a stone that attracts your attention. The stone will be no larger than your two fists. Take it with you. Find a suitable place, sit down, and place the stone in front of you. Facing the stone, ask it a question that you need answered. Now fix your gaze on the stone and examine its upper surface carefully. Look for as long as it takes you to see something appear, and then consider what it's trying to tell you about your question. Turn the stone over and repeat the procedure: look, think, ask, listen to its answer. Then, ruminate on how you can unite the information you've received. When you're finished, return the stone to its place with respect and gratitude. Without this step, the experience is incomplete, even invalid.*

In the park, I eyed them: which one could tell me something? Which one should I simply leave alone? My question is about what happens in dreams. All and any dreaming. Dreams about God or death, about songs, and times, and spaces. The world in dreams is a little different than it is elsewhere, but it retains some continuity despite the constant changes. Against the backdrop of reality, it moves closer, then farther away. The waters of sleep sweep up people and things, and carry them off or toss them out on shore. As though someone were trying to guess the thoughts of God, and then reconstructing them in dreams. Maybe this is how all vastness arises, heavenly bodies, clouds and wind—and sometimes even the waking world?

Meanwhile, from the depths, from darkness, a voiceless, colorless being emerges, something that isn't fully formed. It reminds me of cave paintings, or the shadow of a ghost on a wall, or a primitive, unfinished sculpture. I wouldn't be surprised if, set loose, it could live a thousand years. It would manifest in various forms, make itself denser or more diluted, it would open or close in on itself depending on its needs—but when I reach out my hand to free it, it flees.

RZECZYWISTOŚĆ

Nie jesteś jeszcze gotowa, by prawdziwie połączyć rzeczywistość śnienia z rzeczywistością swojego zwykłego świata—mówi czarownik Don Juan.— Musisz dokonać jeszcze głębszej rewizji swojego życia.(...) Rewizja naszego życia nigdy się nie kończy, nieważne, jak dobrze nam poszło za pierwszym razem. Trzeba też liczyć się z tym, że mówienie o snach budzi upiory jawy, a nie jest jasne, czy cała jawa jest prawdziwa.

Prawdziwość? Wszyscy zajmowali się prawdziwością lub nieprawdziwością, od Sokratesa poczynając, mówi F, żaden filozof tego nie pomijał, ale i żaden tego nie rozwiązał, jest to nie do rozstrzygnięcia: nie mówiąc już o solipsyzmie. Wszystko może być konsekwentnym wytworem umysłu, skrajnie można stwierdzić tylko tyle. Definicji prawdy nie ma, choć ich setki napisano. Wyjściem jest samemu siebie spytać, jeśli się ma do siebie tyle zaufania, a jeśli się nie ma, zrezygnować, bo to jest doprawdy strata czasu. Rzeczywistość jest przeświadczeniem. Pewnych pytań stawiać nie ma sensu. Ale jeśli się je już postawiło, można się nad nimi zastanawiać dobrowolnie z sensu rezygnując, bo sofistyka to bardzo skomplikowane zawracanie głowy. Bierz poprawkę, że coś już jednak na ten temat ustalono. Uzgodniono. Na co dzień żyjemy w rzeczywistości uzgodnionej, wiadomo dzięki temu, co jest czym i nic nie może być zarówno takie, jak i inne.

PYTANIA I ODPOWIEDZI

Ucieczka z rzeczywistego zasięgu jest niemożliwa, bo zasięg znajduje się wszędzie. *Idź na cmentarz—mówił dawniej stary mnich spod Supraśla. Krzycz do tych, którzy tam leżą i słuchaj, co ci odpowiedzą. (...) Wracał uczeń i mówił: ale oni tam leżą cicho! Starzec na to: i ty czyń podobnie, czy cię chwałą, czy cię ganią, milcz.* W rzeczywistości wysiłek woli ku ciszy jest niezwykle trudny, ale dopiero wtedy pojawia się Bóg—Bóg jest tym, co najsilniejsze w człowieku, wszystko jedno, czy działa świadomie czy nieświadomie, rzeczywiście czy nierzeczywiście, jest to Bóg. W człowieku? W człowieku. Pytam i pytam, i nawet czasem odpowiada mi się, a potem—znowu pytam.

REALITY

You aren't ready to properly connect the reality of dreaming with the reality of your ordinary life yet, says the sorcerer Don Juan. *You still need to examine your life more deeply. (...) We must never stop examining our lives, regardless of how well we did the first time.* We also have to bear in mind that talking about dreams rouses the specters of the waking world, and that it is unclear whether everything in the waking world is true.

Truth? Everyone since Socrates has grappled with truth or untruth, says F, no philosopher left it untouched, and not one of them ever figured it out, it's unsolvable— not to mention solipsistic. All you can know for sure is that everything could be a figment of your imagination. No definition of truth exists, though hundreds have been written. The only way out is to ask if you trust yourself, and if you don't, give up, because then it's all just a waste of time, really. Reality is conviction. It's useless to pose certain questions. But if they've been posed already, one can think about them in a way that abandons any attempt at logic, as sophistry is a very complicated way to trouble oneself. Rest assured, something about this subject has already been established. Agreed upon. Day by day we live in an agreed upon reality, and thanks to this we know what's what, and that nothing can be both like this and different.

QUESTIONS AND ANSWERS

It's impossible to escape the clutch of reality because its reach extends everywhere. *Go to the cemetery*, an old monk from Supraśl once said. *Shout to those who lie there, and listen to their answers. (...) The student came back and exclaimed: But they didn't say anything! The old monk responded: and it will serve you well to do the same; whether you are praised or criticized, stay quiet.* In reality, it's extremely difficult to will yourself to silence, but it's only then that God appears—God is that which is strongest in a person, regardless of whether it acts consciously or unconsciously, really or not really, this is God. In a person? In a person. I ask and ask, and sometimes I even answer myself, and then—I ask again.

BÓG NA NIEBIE

Nie wszystkie sny są prywatną sprawą. Byłam w Rosji syberyjskiej i stałam na mrozie. Wyszłam ze szpitala chorych na raka i znalazłam się na płaskim, lodowym pustkowiu, na niewidzialnym skrzyżowaniu dróg. Wokół nie było dosłownie nic. Odkryta platforma z przemarzniętymi dziećmi przejechała i skręciła w bok. Niebo przybrało biały kolor mrozu i przestało różnić się od ziemi. A jednak to właśnie niebo, nie ziemia, uchyliło się, gdy zwątpiłam, gdy wykluczyłam, gdy w najgłębszym zdumieniu nie potrafiłam już dłużej wierzyć w naturalność tego świata, który z mrożącą krew obojętnością zatracał się w bieli, ginął na moich oczach. Nagle ujrzałam, jak pustka się otwiera, a na niebie pojawia się ciemnogranatowe, pulsujące koło, przedziwna, żywa mandala pełna złotych ryb. W samym środku wiru panowała absolutna cisza. Przejęło mnie dalekie, niewiarygodne wspomnienie radości graniczącej z modlitwą i czcią. Niestety, nie znałam odpowiednich modlitw i nie dane mi było poznać ich przez sen. Przez chwilę ryby przepływały, a niebo oddychało, tchnęło. Łaska, objawiona w ten sposób, była czymś najprawdziwszym, ale tak absurdalnym, że zachciało mi się śmiać. Same mi się wyciągnęły ręce. Wtedy Bóg zaczął blednąć i zanikać.

Wróciłam do Rosji. Byłam bez płaszcza. Mocno okutani żołnierze prowadzili jakichś ludzi do wielkiej budowli w socrealistycznym stylu. W monstrualnych dłoniach trzymali coś w rodzaju rakiet ziemia—niebo. Zapytałam dwie młode telefonistki, co się tu odbywa, ale nie interesowały się tym. Zaciekawił je dopiero Bóg na niebie. Mówiły o nim po rosyjsku, na wpół zrozumiale i koniec końców zaprowadziły mnie na strych. Obiecały mnie ukryć, schronić czy przechować, gdybym siedziała cicho—miałam siedzieć cicho, jeśli mi życie miłe.

OPISY BOSKOŚCI

Znajduję mandale opisane jako ochraniające i odstraszające kręgi, symbole całości, a śmierć jako *ostateczną pełnię*. *Bóg jest kręgiem, którego środek jest wszędzie, obwód zaś nigdzie,* UFO wygląda jak oko tego Boga.

GOD IN THE SKY

Not every dream is a private matter. I was in Siberia and I was standing on ice. I had left the cancer hospital and found myself in a flat, icy wasteland, at an invisible crossroads. Around me there was literally nothing. A flatcar of shivering children chugged past and turned out of sight. The sky took on the frost's white color and I couldn't distinguish it from the earth anymore. And yet it was precisely the sky, not the earth, which tipped when I doubted, when I excluded, when in my deepest bewilderment I could no longer believe in the simplicity of this world that was disappearing into nothingness with a chilling indifference, that was fading before my eyes. Suddenly, I saw the void open and a dark gray, pulsating circle appeared in the sky, a living mandala of golden fish. In the very center of the vortex there was absolute silence. I was overtaken by a distant, improbable memory of joy, something bordering on prayer and devotion. Unfortunately, I didn't know the appropriate prayers, and wasn't taught them in my dream. For a moment, the fish swam past, and the sky breathed, inhaled, exhaled. Revealed like this, grace was something as true as could be, but it was so absurd that I had the urge to laugh. My arms stretched out by themselves. Then God began to pale and fade away.

I returned to Russia. I didn't have a coat. Heavily bundled soldiers were leading a group of people to a massive socialist realism style building. In their monstrous hands they were carrying something resembling a ground-to-air missile. I asked two young telephone operators what was happening, but they seemed uninterested. It was only God in the sky that finally caught their attention. They talked about him in Russian, only half intelligibly, and at long last they led me to an attic. They promised to hide me there, to shelter me and keep me safe if I kept quiet—I was to keep quiet if I valued my life.

DESCRIPTIONS OF GODHOOD

Mandalas are described as protective circles that ward off evil, symbols of wholeness, *and death is depicted as the ultimate fullness. God is the circle whose center is everywhere and circumference is nowhere;* the eye of this

W różnych czasach widuje się na niebie różne rzeczy. Wizje dawnych pustelników uważano za kompensację głodu duchowego. W przypadku tego rodzaju głodu niejadalne są pokarmy ziemskie—potrzebujemy pokarmu numinalnego, archetypowego. Bóg dużo wymaga, potrzebuje specjalnej uwagi. Nie każdego na to stać. *Ale przeżycie religijne jest holizujące, leczące, ratujące, wszechogarniające.* Człowiek spotyka w nim coś, co przerasta go swoją mocą—i jest to przemożne, przemożne, tak przemożne, że naprawdę nie mogę tego ani z trudem zapomnieć, ani łatwo zapamiętać.

Pustelnicy starali się uzyskać przeżycie duchowe i w tym celu pozwalali sczeznąć w sobie człowiekowi ziemskiemu. *Umrzeć. Zasnąć. Może śnić?* Są też inne sposoby. Morselli i jego apokalipsa—przeanielenie ludzi—to osobna sprawa. Podobnie Katarzy, gdy stoją na skałach, na zimnie tak wielkim, że może się mylić z żarem, a ich oblicza pali boski ogień. W dzisiejszych czasach są oni formą nieświadomości, fikcją, wyobrażeniem, snem. Lecz, co nie jest snem? Nawet choroba jest snem: czasem fantastyczną istotą, czasem prastarą historią, jakimś pierwotnym, sprzed tysięcy lat człowiekiem we mnie i w każdym człowieku. Przemożna siła ma za jedno wszystko i wszystkich, ciało i sen. *Człowiek lęka się tego paraliżującego działania, zależności od nieznanych mocy. (...) Moce nieświadomości pomocne są tylko wtedy, gdy się je rozumie, w przeciwnym razie potrafią być niebezpieczne.* Wierzę w sny, bo one we mnie wierzą.

Różne osoby godne wiary opisują sny, w których wszystko zamarza, kostnieje, brak jest śladów życia, a śmierć następuje przez wyrzeźbienie w marmurze czy drewnie. Gdyby w jednym z tych snów nie pojawił się lodołamacz, nastąpiłby koniec świata—Bóg jako lodołamacz ma w sobie coś naprawdę drastycznego. Gdy stoi się na lodowatym pustkowiu, zjawiska obojętności świata doświadcza się do szpiku kości, ale nadejście Boga też jest niebezpieczne. *Albowiem ciała niebieskie spadają na ziemię. Albowiem Bogowie coś czynią na ziemi potajemnie.* W starym notesie znajduję niespodziewanie modlitwę do wymówienia na pustkowiu: *Jak Ty, o Boże, w postaci ryby, uratowałeś Wedów znajdujących się w świecie podziemnym, tak i mnie uratuj*—gdyż Bóg Wisznu jest czasem przedstawiany właśnie jako złota rybka. Także Fenicjanie hodowali w stawie święte ryby będące emanacją bóstw. Nie można ich było dotykać ni jeść. Pewna kobieta dowiedziała się ze swych snów, że *cierpliwemu w*

God looks just like a UFO. At various times, various objects appear in the sky. The visions of ancient hermits were considered a compensation for their spiritual hunger. Anyone who has this type of hunger knows that earthly food is inedible—we need numinous nourishment, archetypical nourishment. God demands a great deal, he requires a special kind of attention. Not everyone is capable of it. *But a spiritual experience is curative, healing, saving, and overwhelming.* In it, a person encounters something that overcomes her with its strength—and it's overwhelming, overwhelming, so overwhelming that it's impossible for me to forget, and yet difficult to remember.

Hermits used to seek religious experiences, and to this end they let their earthly bodies perish. *To die. To sleep. Perchance to dream?* There are other ways. Morselli and his apocalypse—people turning into angels—that's a different matter. Like the Cathars standing on cliffs in a cold so fierce it can be mistaken for heat, their faces alight with godly fire. These days, they're a kind of unconscious, a fiction, something imagined, a dream. But what isn't a dream? Even sickness is a dream: sometimes a fantastical being, sometimes an ancient story, some primordial person from a thousand years ago inside of me and every other person. The overwhelming force is indifferent to everything and everyone, body and soul. *People fear this paralyzing movement, they fear their vulnerability to unfamiliar strength. Forces from the unconscious are only helpful when we understand them. Otherwise, they pose a threat.* I trust dreams because they trust me.

Many credible people have described dreams in which everything freezes over and ossifies, where there are no signs of life, and death comes from being carved in marble or wood. If an icebreaker failed to appear in any of these dreams, it would be the end of the world—there's something truly shocking about God as an icebreaker. When you're standing in an icy wasteland, you can feel the world's indifference in the very marrow of your bones, but God's arrival doesn't make you safe. *Because heavenly bodies fall to Earth. Because, on Earth, the gods are up to something secretive.* In an old notebook I come across a prayer to say in a wasteland: *Lord, like you rescued the Vedas from the underworld in the guise of a fish, rescue me*—the god Vishnu is sometimes portrayed as a golden fish. The Phoenicians, too, raised holy fish, emanations of deities, in ponds.

głębi serca jego ryba przypadnie w łucie, (…) ryba, pożywienie tych, którzy żyją w otchłani…

BIEL JAK BÓL

Bóg, religia, tożsamość, bezsilność, psychologia, samopoznanie, transformacja, symbole, akt twórczy, nieświadomość zbiorowa, transcendencja, mistyka, magia—posługiwanie się tymi i podobnymi nazwami sprawia mi wyraźny ból. Książki, czasopisma, reportaże, referaty, nawet wiersze, są nimi ostatnio dosłownie zasypane. Może to coś w rodzaju confetti. W powietrzu powstaje z nich biały szum. Nazwy te, wypowiadane niewdzięcznie, bez serca, zdolne są zmrozić każdą duszę. Przypominają straszliwe zaklęcia, choć nie chcę przesądzać sprawy. Jeśli są to—mimo wszystko—słowa opisujące rzeczywistość nieuchwytną, powinny być chyba ujmowane delikatniej, bo przy najmniejszym poruszeniu natychmiast zmieniają się w pył, który lekko i bez szelestu opada na ziemię niby błaha, niewidzialna mgła, pokrywa trawy, liście, gmachy, płoty, koty, psy, aż w końcu wszystko jedno, co znika—przepada między nimi.

Z kolei mandale akwarelowe zabierają bardzo dużo czasu. Niebieska jest wysokość i głębia, woda i myśl, puste powietrze i całkowity spokój. Żółte jest złoto alchemików. Bogów maluję w samym środku. Czasem zmęczeni są wiekuistością, a wtedy w skrytości ducha bardzo pragną śmierci. Możliwe, że trochę za dużo jest nieśmiertelnych dusz, maluję więc biel, która łączy śmiertelność i nieśmiertelność w jeden ból. Tak, biel to ból. Jeszcze nie ten. Najdoskonalszy nadejdzie po śniegu.

PUNKTY OSOBLIWE

W domu o dwu osobnych częściach zachwyciła mnie zwłaszcza ta głębiej ukryta: tak głęboko ukryta, że natychmiast o niej zapomniałam. Trochę bliżej jawy, w poczekalni, siedziała przy kwadratowym stole czwórca: trzech mężczyzn i dziewczyna. Rysowałam ołówkiem mandale

Nobody was allowed to touch or eat them. From her dreams, a certain woman learned that *the person who is patient from the bottom of her heart will have fish fall to her lot, (…) fish, the food of those who live in the depths…*

WHITE AS PAIN

God, religion, identity, helplessness, psychology, self-awareness, transformation, symbols, the creative act, the collective unconscious, transcendence, mysticism, magic—these words and similar ones pain me enormously. Books, magazines, articles, reports, even poems have been inundated with them lately. Maybe they're something like confetti. They create a white noise in the air. These words, when uttered gracelessly, heartlessly, have the power to freeze a soul over. They remind me of fearsome incantations, though I don't want to doom the matter. If they are—despite everything—words that describe an ineffable reality, we should probably say them delicately. After all, they turn to dust at the slightest touch, falling to earth lightly and soundlessly, like a paltry, invisible fog covering grass, leaves, buildings, fences, cats, dogs, until finally it doesn't matter what has disappeared—it's lost.

For their part, watercolor mandalas take a long time to make. Blue is height and depth, water and thought, empty air and total peace. Yellow is the alchemists' gold. I paint the gods in the very center. Sometimes they're tired of immortality and long for death in the hidden reaches of their souls. It's quite possible that a few too many immortal souls exist, and so I paint the color white, which joins mortality and immortality into a single pain. Yes, white is pain. Not quite this pain. The most perfect kind will come after the snow.

SINGULAR POINTS

In a house separated into two parts, I gravitated toward the one more deeply hidden: so deeply hidden that I immediately forgot about it. A little closer to reality, in a waiting room, four people sat at a square table: three men and one woman. I was drawing mandalas with a pencil on

na papierze kratkowanym, gdy zbliżyła się do nas bardzo dziwna, bardzo stara kobieta i powiedziała coś od rzeczy. Odchodząc, mocno pchnęła wahadłowe drzwi, a czwórca podobnie osobliwych kobiet na galerii gwałtownie temu przytaknęła. Wtedy okazało się, że potrzebuję sobowtórki—i tak się to raz zbliżało, raz oddalało, szłyśmy ciemną ulicą, słychać było muzykę, ktoś grał na pianinie, ktoś zaglądał w okno. Opisano to później w *Psychologii czwórcy*, a może w *I-cingu Jezusowym*, w książkach, których w jawie nikt jeszcze nie widział.

Siadamy przy kwadratowym stole. Rysuję mandale na papierze kratkowanym. Mówi F. Rozmawiamy o joginie hinduskim Naropie, który szedł przez Himalaje i widział znaki na niebie. Jakby przelatywały. Fizycznie. Tłumaczyło się to jako błogosławieństwa z innych światów. W Tybecie uznawano to za wielką łaskę. Nieliczne są doświadczenia związane z tą energią, z fizycznym znakiem tej energii, stąd może się brać natychmiastowe popadanie w modlitwę wobec tych zjawisk. Niesłychanie ważne. Źródło. Wracanie do tego doświadczenia może ratować. Gdyby dobrze zaznać tego stanu absolutnej łaskawości, można by wrócić do rzeczywistości względnej z czymś zupełnie innym. Czy wystarczy pięć minut łaski na całe życie? A może można by przez cały czas? Nie, nic nie da przeliczanie tego na czas. Pięć minut może zmienić obie rzeczywistości, i absolutną, i względną, mogą zniknąć obie w zamian za coś trzeciego, czego ciągle nie ma.

Także funkcje matematyczne, opisujące zjawiska, mają swoje ograniczenia. Na przykład w mianowniku może być wszystko oprócz zera. Albo huśtanie: dochodzi do pewnego miejsca, a dalej już się nie da. Albo efekt Dopplera: stoisz na stacji i z gwizdem przejeżdża pociąg. Słyszysz wysokie tony, a gdy pociąg przejedzie, zmieniają się one w niskie. Gdy pociąg jedzie, fala głosowa się zagęszcza, krótsze są odcinki, wyższa częstotliwość. Po odjeździe odwrotnie, do odległości dodaje się szybkość. Najpierw dźwięk jednostajnie narasta. Mógłby narastać dalej—ale naraz, właśnie w tym punkcie, zwanym punktem osobliwym, w momencie najwyższego wysycenia, proces się odwraca, z białego wyłania się czarne. I na odwrót. A jeśli dołączysz do tego zjawisko nielokalności, nie wiadomo, gdzie się to wyłoni. Wcale nie tu, a daleko stąd. W ten sposób przenosimy się ze świata do świata.

graph paper when a very strange, very old woman came up to us and said something nonsensical. On her way out she shoved open the swinging door, and four similarly singular women sitting up in the gallery enthusiastically expressed their approval. Then it turned out that I was in need of a doppelganger—and at times it grew closer, other times it drew away, we were walking down a dark street, we could hear music, someone was playing the piano, someone was looking out a window. Later, this was recorded in *The Psychology of Four*, or maybe in the *I-Ching of Jesus*, in books that have never been seen in the waking world.

We sit down at the square table. I'm drawing mandalas on graph paper. F is speaking. We're talking about the Indian yogi Naropa, who trekked across the Himalayas and saw signs in the sky. As though they were flying by. Corporeally. It was interpreted as a blessing from other worlds. In Tibet, this was considered a great act of grace. There haven't been many experiences involving this energy, involving its physical sign, hence perhaps peoples' tendency to fall to their knees in prayer when encountering such phenomena. It's extraordinarily significant. The source. Returning to such an experience can save a person. If a person could fully know this state of absolute grace, they could return to relative reality with something completely different. Is five minutes of grace enough to last an entire lifetime? Or maybe it could last for a whole life? No, calculating this in terms of time won't get us anywhere. Five minutes can alter both realities, the absolute and the relative, and both can disappear into a third thing, something that does not yet exist.

In the same way, mathematical functions that describe various phenomena have their limits. For example, a denominator can be any number except zero. Or take swinging: the swing arrives at a certain point, and won't go any higher. Or the Doppler effect: you're standing at a station and a train goes whistling past. You hear a high pitch, and when the train passes, the pitch lowers. As the train moves, the sound wave compresses, the intervals shorten, there's a higher frequency. When the train is moving away from you, it's the other way around, you add velocity to distance. First there is a monotonic increase in sound. It could increase more—but suddenly, at this exact point, called the singular point, in this moment of greatest saturation, the process reverses itself, black emerges from white. And then the reverse. And if you add in quantum nonlocality, there's no telling where we'll end up. Absolutely not here; far away instead. It is in this manner that we move from one world to the next.

PRZEMOŻNA SIŁA

Tutaj znów, w dość dobrej powieści, jeździ ktoś po Ameryce do nikogo się nie odzywając, nigdzie się nie zatrzymując, nic nie zwiedzając, nic nie stwarzając, prawie nie sypiając, za nic mając całe swoje dotychczasowe życie, ani trochę nie podtrzymujące go na duchu. Mówi, że jest we władaniu *dziwnej, przytłaczającej siły*. Nie boi się jej, wstydzi się tylko, że jazda bez celu sprawia mu tak ogromną przyjemność. Wcale tego nie chce, w końcu jednak przestaje się opierać, poddaje się—i oczywiście ginie. Ta przemożna siła wpędza w transy i sny. Bardzo dziwnie z tą boskością. Czasem ogromem sięga nieba, a czasem składa się z jednej cienkiej linii. Medytacja, muzyka, woda i modlitwa, to straszliwie mocne narkotyki. Jednak im bardziej wierzę, że stany transowe są do czegoś potrzebne, tym szybciej przemijają, tym łatwiej się dopełniają, tak więc niedocenianie ich—tak jak zaprzeczanie snom—byłoby naiwnością. Sny przenikają wszędzie.

BÓG GDZIE INDZIEJ

Szukam w zapiskach snów podobnych do tego z Bogiem na niebie. Wierzę, że w swój absurdalny, kręty lecz niezachwiany sposób wskazują mi drogę—co nie znaczy, że ta droga gdzieś jest. Nie zawsze też wiadomo od razu, że mamy do czynienia z Bogiem. Czasem rozpoznaję go czymś w rodzaju nagłego i niespodziewanego objaśnienia czy też objawienia. Przypuszczam, że był we śnie o duchu Merkuriuszu w butli gazowej. We śnie o powodzi, gdy nocą coś przeszło niewidzialnie koło mnie na palcach jak śmierć. Osobno kładę sny z kataklizmami, sny obrazujące lewitacje maszyn i świetliste wizerunki w rakiecie międzyplanetarnej. Są też sny pełne świateł i dziwnych *zjawisk w noosferze*. Są Katarzy stojący w zimnie na skałach i nocny krzyk przez ulicę: *autor snów jest Jeden!* I Budda za oknem, i wołanie: *jeśli spotkasz Buddę, zabij go!* Później na dachu domu pewnego samotnika ludzie przemieniali się w srebrne gołębice. A raz na jakiś czas widuję te niesamowite drzwi, które same się otwierają i zamykają, choć nie ma nikogo za nimi.

Jeśli nawet ktoś tam jest, to *milczenie nieskończonych przestworzy* przeraża nie tylko tych, co nie mają uszu do słuchania, oczu do patrzenia,

OVERWHELMING FORCE

Here it is again, in a novel that's not half bad: somebody is driving across America not talking to anyone, not stopping anywhere, visiting nothing, not creating a thing, barely even sleeping, disregarding his whole life up to this point, a life that isn't doing anything to keep his spirits up. He says he's under the influence of a *strange, overwhelming force*. He isn't afraid of it, he's only ashamed that his aimless driving is giving him such pleasure. He doesn't want this at all, yet eventually stops resisting, gives up—and then, of course, he perishes. This overwhelming force sends us into trances and dreams. It's a strange thing, this divinity. Sometimes its enormity reaches the heavens, and sometimes it only consists of a single thin strand. Meditation, music, water and prayer: these are extremely powerful drugs. But the more I believe that trace states serve a purpose, the faster they pass, the easier I reach them. Failing to value them—just like denying dreams—would be naïve. Dreams infiltrate everything.

GOD IN OTHER PLACES

I search through my notes on dreams for a dream similar to the one about God in the sky. I'm convinced that, in their absurd, twisting but unwavering way, they're showing me the path—which isn't to say that the path exists anywhere. It isn't always immediately clear when we're dealing with God. Sometimes I recognize him through something like a sudden and unexpected insight, or even revelation. I have a suspicion that he was in my dream about Mercurius, the spirit from the gas cylinder. Or in my dream about the flood, when, at night, something tiptoed past me unseen, like death. I separate out dreams about disasters, dreams depicting the levitation of machines and bright images inside a space shuttle. And then there are the dreams full of lights and *strange visions in the noosphere*. Dreams with Cathars standing on cliffs in the cold, and the nightly cry through the street: *the author of dreams is One!* And the Buddha outside the window, and the call: *if you meet the Buddha on the road, kill him!* Later, on the roof of a recluse's house, people turn into silver doves. And, once in a while, I catch a glimpse of that extraordinary door that opens and closes on its own, that has nobody behind it.

ziemi pod nogami, rozumu za grosz. Najbardziej przeraża tych, co nie mają nic—są nikim, nie są nawet sobą. Znacie modlitwę *Święty Boże, Święty Mocny, Święty a Nieśmiertelny?—pyta* Gurdżijew. *Modlitwa ta pochodzi z pradawnej wiedzy. Święty Bóg oznacza absolut lub Wszystko. Święty Mocny oznacza absolut lub nic. Święty Nieśmiertelny oznacza to, co znajduje się między nimi, to znaczy sześć nut promienia stworzenia wraz z życiem organicznym. Wszystkie trzy ujęte razem tworzą Jedno.* A więc dobrze. Niech tak będzie. Wszystko jedno. Wszystko Jedno. Jedno, mówię. Boże Święty.

SPADANIE

F przechwytuje moje sny o spadaniu. Dziś w nocy spadał z wielkiego wieżowca po kręconych schodach. Za nim parasol i jakieś dziecko. Spadamy prosto do jawy. Przemożna siła popycha nas, gdy stoimy na samym brzeżku. Na próżno czytam, że śnienie jest mniej pożyteczne niż *stan pamiętania siebie*, który zatrzymuje myśli: niestety, nie mogę już dłużej zatrzymać swoich myśli o tym, aby przedstawiać rzeczywistość, jakkolwiek się ona przedstawia. Z kolei czarownik Don Juan zatrzymuje od razu cały świat. Nie następuje wtedy koniec świata, tylko chwilowe jego powściągnięcie, jakby próba bezczasu albo swoistej uwagi, która na dobrze znanym tle stwarza inny świat. Ta sama uwaga zaraz go zresztą porzuca i zmienia w następny, w ten sposób światy tworzą się z najwyższą łatwością, jest też niezliczone mnóstwo światów, które giną. Można zastanawiać się, co w takim razie dzieje się z wiecznością, z tą nieskończoną pustką, która skrzypi.

W dźwiękach, a może w tych natarczywych przerwach między nimi, też jest dziś coś, co nagle spada: spada jak błyskawiczny miecz, który przecina zasłonę między światami i następuje moment krystalicznej jasności, wszędzie światło! Wszędzie, dosłownie wszędzie jest tak, jak zawsze miało być, jak może kiedyś było: bywało tak dawno temu po pierwszym porannym papierosie mentolowym, w tej jednej niezmąconej sekundzie absolutu, w której ludzie nigdy jeszcze nie cierpieli, może nawet nie istnieli, a anioły przebiegały po niebie na skróty. W tej natchnionej

Even if there is someone there, *the silence of unending expanses* is terrifying. And not only to those who lack ears to hear, eyes to see, ground beneath their feet, or who have little sense. The people it terrifies the most are those who have nothing—they're nobody, they're not even themselves. Do you know the prayer, *Holy God, Holy Mighty, Holy Immortal?* asks Gurdjieff. *This prayer comes from ancient wisdom. Holy God signifies the absolute, meaning Everything. Holy Mighty signifies the absolute, meaning nothing. Holy Immortal signifies that which exists between them, which is to say, the six notes of the Ray of Creation that contain organic life. All three together become One.* Fine then. So be it. It's all one and the same. All one. All One. One, I'm saying. Holy God.

FALLING

F intercepts my dreams of falling. Last night, he was falling down the spiral staircase of a tall apartment block. He was followed by an umbrella and a child. We fall right into the waking world. An overwhelming force pushes us forward when we're standing on the brink. It's no use for me to read that dreaming is less useful than *the state of remembering oneself*, which stops all thought: unfortunately, I can no longer stop thinking about presenting reality whatever way it presents itself. The sorcerer Don Juan, on the other hand, can stop the whole world at once. This doesn't cause the end of the world, but rather a momentary pause, like an attempt at timelessness or a very particular kind of attention, that creates a different world in a very familiar setting. Soon that attention abandons the world, transforming it, and this is how worlds pop up so easily; plenty of worlds also disappear. One may wonder what happens to eternity in such a case, to that creaking, icy wasteland.

Today, in every sound, or maybe in those stubborn pauses between them, there's something that suddenly falls: it falls like a lightning-quick sword cutting through the veil between worlds, and there's a moment of crystalline light, light everywhere! Everywhere, literally everywhere, everything is the way it was always supposed to be, maybe the way it was once: it was like this long ago, after that first morning menthol cigarette, in that one unspoiled second of the absolute, when people hadn't suffered yet, maybe didn't yet exist, and angels took shortcuts across the heavens.

sekundzie widywałam wielką jaskrawość, wielką łaskawość—całą jaskrawość, na pewno nie pół. Wyglądało to tak, jakby wszystko, co zdążyło zmatowieć, przygasnąć, zgarbić się i przygnębić—pod wpływem przemożnej siły stało się naraz ważne, rześkie, czyste. W jednej sekundzie. W jednym, dwu oddechach. W dźwięku, który właściwie nie dźwięczy, a wprawia to wszystko w ruch. Jeden anioł z mieczem przebywał zwykle w jednym papierosie. Były to anioły apokaliptyczne.

ODSŁANIANIE ZASŁON

Siadamy w kuchni na podłodze, aby medytować. Należy przedtem zaznaczyć tropy w żółtym piasku. Zapisuję numery tych tropów nie po kolei, opuszczam niektóre, co potem się mści, bo nie wiadomo, jak i którędy wrócić do rzeczywistości. Zjawia się F. Szepcze się jak w kinie. Maluję sobie usta. Ktoś kładzie na środku chodniczek medytacyjny, a ojciec zasiada na krześle przy oknie i podnosi zasłonę, aby mu nie przeszkadzała. Wiem na pewno, że jest to zasłona *mai*, zasłona ułudy. Albo mgły. Ojciec podnosi ją dwoma palcami, a potem stanowczo związuje na supeł.

To we śnie. Na jawie ojciec umarł tak, jak nie żył: lekko, niemal lekkomyślnie. Był w tym jakiś aluzyjny wdzięk. Myślę, że umieranie uczy pewnego szacunku do natury, który w mojej wyobraźni niczym się nie różni od poszanowanie sztuki. Jedno i drugie nie jest zbyt realne; jest za to prawdziwe. Jak sen. Niektóre sny są wręcz przebudzeniem, wcale mnie nie okłamują ani łudzą, ale rozmawiają po prostu za mną jak z człowiekiem, bardzo osobiście.

Podobnie śmierć jest osobistym doświadczeniem. Aby poznać śmierć, musimy umrzeć. *Sądzę, że powinniśmy praktykować śmierć podczas medytacji, szczególnie jeśli wzbudza w nas uczucie lęku. Nie czekaj na śmierć, spróbuj umrzeć teraz, w tej chwili. Po prostu połóż się i umrzyj,* mówi Arny Mindell. *Zwróć uwagę na to, co skończy się, gdy umrzesz. Spróbuj też zauważyć, co chce się wraz z momentem śmierci rozpocząć*—zauważam, że ostatnio nic się jakoś nie zaczyna.

In that inspired second, I witnessed great brightness, abundant grace—a full brightness, certainly not partial. It looked as though everything that had managed to die, to flicker out, to hunch over depressed—under the influence of an overwhelming force it became immediately important, lively, and pure. In a single second. In one, two breaths. In a sound, which in fact does not sound, but sets all of this in motion. Each cigarette typically contained a single angel with a sword. These were the angels of the apocalypse.

OPENING THE CURTAINS

We sit on the kitchen floor to meditate. Before we do that, we need to mark trails in the yellow sand. I record the trails' numbers, out of order, leaving some out, which backfires on me later, because it's unclear how or by which way to return to reality. F appears. We whisper like we're at the movies. I put on lipstick. Somebody places a meditation mat in the center of the room and, meanwhile, my father makes himself comfortable in the chair by the window, lifting the curtain so it doesn't bother him. I know without a doubt that this is the veil of *maya*, the veil of illusion. Or fog. My father lifts it with two fingers, and then ties it firmly in a knot.

All that happened in a dream. In reality, my father died the way he didn't live: casually, almost carelessly. There was a kind of incidental grace in this. I think that death teaches us a certain respect for nature, which to my mind is no different from respect for art. Neither one nor the other is especially real; both, however, are true. Like dreams. Some dreams are even an awakening, they don't lie to me or delude me at all, but simply talk to me the way you would talk to anyone, very familiarly.

It's said that death is a personal experience. To know death, we must die. *I am of the opinion that we should practice death in meditation, especially if it awakens anxiety in us. Do not wait for death, try dying now, in this moment. Simply lay yourself down and die*, says Arny Mindell. *Focus your attention on what will end when you die. Try to also notice what it is you want to begin in that moment of death*—I notice that, lately, somehow nothing has been beginning.

Możliwe, że coś naprawdę nie umiera, a dopiero w śmierci zaczyna żyć. Dziwne rzeczy mówił Peter w Śpiączce. Tuż przed śmiercią żegnał się z bliskimi, prosił, aby opiekowano się jego żoną, ale planował również dalszą przyszłość. W końcu powiedział, że znalazł klucz do życia—nagle, ze straszną doniosłością, przypomniał mi się mój bizantyjski kluczyk *yale*, gdzież go położyłam? Dla Petera kluczem do życia okazał się nowy plan linii tramwajowych Zurychu. Kobiety były przystankami. Była też cyfra dziewięć i jedno tajemnicze słowo, któremu nikt już nie umiał przypisać znaczenia—a ten bizantyjski kluczyk leżał chyba ostatnio na wystającym ze ściany kontakcie elektrycznym, w jakimś śnie. Był to kluczyk do Rosji, jeśli się nie mylę.

TONAL I NAGUAL

Każdy nosi w sobie śmierć—mówi chory na AIDS. —*I każdy jej potrzebuje.* W stanach bliskich śmierci mamy szansę stać się pełnią siebie: to samo mówi czarownik Don Juan o *tonalu i nagualu*. Normalnie znajdujemy się w *tonalu*, w świecie społecznym, gdzie obowiązują nazwy, normy i reguły. *Nagual* jest natomiast tą częścią nas i taką częścią świata, z którą przeważnie nie mamy do czynienia. Nie jest to Bóg—Bóg wchodzi w skład *tonala*, o Bogu można mówić, o *nagualu* zaś nie da się nic powiedzieć. Jest poza granicami wszystkiego. Przejmuje ster, gdy *tonal* jest skurczony przez strach czy zaskoczenie. Znajduje się *tam, gdzie krąży moc*. Nie można go doświadczać inaczej niż przez jego skutki: *chwilowe utraty przytomności, przerwy w strumieniu świadomości, wstrząsy, po których następuje uczucie zawieszenia, dziwne przerwy*. *Nagual* ujawnia się mimowolnie i tak, że *tonal* o tym nie wie. Dominuje w śmierci. Świadomość, wspomnienia, odczucia w ciele zaczynają się rozpadać. Wtedy czarownik zadaje sobie pytanie: *jeśli mamy umrzeć w pełni siebie, dlaczego by w niej nie żyć? Boję się. Poza bramą oczu tonala szaleje wiatr, prawdziwy. Może on zdmuchnąć czyjeś życie.*

Śniło mi się, że rozpadał się dom, ogromny wieżowiec sklecony naprędce, bez żadnej odpowiedzialności, jeszcze za socjalizmu. Widziałam okno z luźno trzymającą się framugą, wiatr chwiał budynkiem tak mocno, że lada chwila mógł go zdmuchnąć—a gdy to się stało, obejrzałam sobie ten widok z góry, z wierzchu, z lotu ptaka. *Nagual* kusi, aby rozglądać

It's possible that nothing really dies, and only in death does it finally start to live. Peter in *Coma* said some strange things. Shortly before his death, he said goodbye to his loved ones, asked for his wife to be taken care of, but also planned for the more distant future. Finally, he said he'd found the key to life—suddenly, with a sense of momentousness, I was reminded of my byzantine Yale key. Where had I put it? For Peter, the key to life turned out to be Zurich's new tram system. The stops were women. There was also the number nine and a secret word that everyone had forgotten the meaning of—I probably last saw that byzantine key lying on an electrical outlet sticking out from a wall, in some dream. It was a key to Russia, if I'm not mistaken.

TONAL AND NAGUAL

Everybody carries death inside them—says someone who has AIDS—*and everybody needs it*. When we experience states close to death, we have the chance to become our full selves: the sorcerer Don Juan says the same thing about *tonal* and *nagual*. Normally, we find ourselves in the *tonal*, the lifeworld, where we're bound by names, norms, and rules. The *nagual*, on the other hand, is that part of us and the world that we normally have nothing to do with. It isn't God—God belongs to the *tonal*. We can talk about God, whereas there's nothing we can say about the *nagual*. It's beyond the borders of everything. It takes the wheel, while the *tonal* cowers, startled or afraid. It appears *where strength circulates*. You can glimpse it only through its tricks: *momentary losses of consciousness, interruptions in streams of consciousness, shocks and the feeling of suspension that follows, strange gaps*. The *nagual* reveals itself involuntarily, in a way that ensures the *tonal* knows nothing about it. It prevails in death. Consciousness, memories, bodily sensations start to fall apart. Then the sorcerer asks himself: *if we are to die as our full selves, why shouldn't we live as them?* I'm afraid. *Beyond the gates of the eyes of the tonal, the wind, the real wind, blows wild. It could snuff out a person's life.*

I dreamed that an apartment block, a massive building constructed hastily and irresponsibly back in Communist times, was falling apart. I saw a window with a frame loose. The wind was swaying the building so

się, gdzie jest Bóg, bo czy to nie Bóg pozwala dotknąć wszystkiego równocześnie? Kiedyś ukazał mi się na niebie jak ogromna, rosyjska ciężarówka o podwójnych kołach. Dzieliła go od runięcia na ziemię tylko cienka warstwa lodu, niebo było jak kałuża, na której skrzył się szklisty szron. Byle co mogło go załamać i cały Bóg spadłby nam na głowy, bo właśnie przechodziliśmy tamtędy z F.

SNY PRZECIW HITLERYZMOWI

Z pewnością istnieje jakiś ważny powód, dla którego śnię i opisuję sny. Była wojna. Były dzieci. Hitlerowcy zajęli dom. Maltretowali. Byłam dzieckiem. Chodziliśmy po chwiejnych podłogach wind i zgadywaliśmy, co się święci. Nic nie gwarantuje wolności od hitleryzmu, nikt już nigdy nie będzie wolny od hitleryzmu. Pewien chłopczyk był mistrzem w grze ukrywania się. Zawsze wiedział, gdzie się schować i nigdy się nie mylił, hitlerowcy podziwiali to jak magiczną sztukę, nagradzali. Nagrodą w tej grze było życie.

Innym razem, gdy byłam Żydówką podczas wojny, mówiłam, że lubię Niemców hitlerowskich, bo chcą dla mnie dobrze. Powiedzieć coś takiego wcale nie było łatwo nawet przez sen. Na jawie przejmowałam się tym, że ci, którym chodzi o nieśmiertelność, mają tak straszną zdolność uśmiercania. W obozach. W lochach bez okien, po kolana w wodzie, w pomieszczeniach pół metra na pół. Trzymają tam ludzi tygodniami, miesiącami, aż zaczyna się wydawać, że w pokoju rośnie trawa i można zrywać kwiaty. Są o tym historie.

ANIOŁA

Stare podania i nowe pogłoski donoszą, że głęboko pod ziemią żyje nędzny, bezimienny lud, o którym lepiej byłoby zamilczeć. Istoty te oficjalnie uważa się za nieistniejące, a przy tym szkodliwe i przy

fiercely that any minute it could have blown it down—and when it did, I saw the spectacle from above, from overhead, from a soaring bird's eye view. The *nagual* tempts us to look around and search for God, because isn't it God that lets us touch everything simultaneously? Once, I saw a massive Russian truck with two sets of wheels appear in the sky. The only thing stopping the truck from plummeting to the earth was a thin layer of ice. The sky was like a puddle glistening with glassy frost. Any little thing could have broken it, and then all of God would have come tumbling down on F's head and mine, as we happened to be passing by underneath.

ANTI-NAZI DREAMS

There must be some important reason why I dream and record my dreams. There was a war. There were children. Nazis occupied the house. They were abusive. I was a child. We would walk over the unsteady floors of elevators and guess what was going to happen. Nothing guarantees freedom from Nazism, from now on nobody will ever be free from it. There was one little boy who was an expert at the hiding game. He always knew where to conceal himself and he never slipped up, the Nazis watched amazed as though it were a magic trick, and they even rewarded him. The reward in the game was your life.

Another time, when I was a Jewish woman in wartime, I said that I liked the Nazis because they wanted what was best for me. Saying something like that wasn't easy, not even in a dream. In the waking world, I couldn't shake the idea that those who are obsessed with living forever have such a knack for taking lives. In concentration camps. In dungeons without windows, the water up to your knees, in rooms measuring half a square meter. They keep people in there for weeks, months, until it starts to seem as though grass is growing in the rooms and you can pick flowers. I've heard stories of it happening.

SHE-ANGEL

Old folk tales and recent rumors tell us that deep beneath the earth live a wretched, nameless people we shouldn't talk about. Officially, these beings are considered nonexistent and dangerous. Their existence is

każdej okazji z gruntu się im przeczy. Jeśli ktokolwiek usiłuje brać je za prawdziwe, oskarża się go o wybryki wyobraźni—a wtedy oczywiście sąd, proces, wyrok, zesłanie do podziemi. Tam ciasnota, brud legowisk, depresja i ciemne noce duszy wielu przyprawiły o szaleństwo, innych jednak naznaczyły dziwnym, bezużytecznym przeznaczeniem, o którego celu nikt nie ma pojęcia.

Mówi się w tajemnicy, że lud ten sam zapadł się pod ziemię ze wstydu albo przerażenia jedną z tych potwornych straszliwości, jakich pełno było w dawnych czasach.

Inni przestrzegają, że nic światu nie można bezkarnie ująć ani ze świata wyrzucić—bo niby gdzie to ma się podziać? Zawsze pozostaje gdzieś w głębiach, w myślach, na śmietnikach i nie wiadomo, kiedy zwróci się przeciw nam.

Ciekawe, że mimo wszystko znajdują się śmiałkowie szmuglujący do podziemi powietrze i światło. Niesamowite, że pod pozorem przemytu narkotyków bierze w tym udział także mafia sycylijska.

Są też nieprawdopodobne doniesienia o zabieraniu stamtąd uciekinierów żywcem do nieba w uniesieniu, jak podaje *Biblia* od tysięcy lat. W swych apokaliptycznych rozdziałach księga ta objawia tych, *którzy przychodzą z wielkiego ucisku i przyodziani są w szaty białe*—dość powiedzieć, że w ostatnią niedzielę nastąpiło właśnie jedno z tych objawień.

Na ulicy Puławskiej, między cukiernią a kaplicą nieznanego obrządku, nad włazem do studzienki ściekowej zgromadził się tłum. Około południa ukazała się tam Anioła, ubrana w białosrebrzystą szatę, do stóp długą. Świadkowie twierdzą, że uśmiechała się do każdego, kto wyłazł spod ziemi i mówiła: *no, chodź!* W swojej niesamowitej sukni wyglądała elegancko i prawie materialnie. Wszystkim podawała biało urękawicznioną dłoń. Wydobytych z opresji prowadziła prosto do kaplicy.

Tam z miejsca zaczynała się biel. Nieco ciemniejsze biele podłóg odróżniały się od jaśniejszych bieli ścian. Biały, niczym nie ozdobiony marmur ołtarza i ław wydawał się lodowaty. Nic nie było ani pozbawione

adamantly denied on every possible occasion. Anyone who even tries to take them seriously is accused of an overactive imagination—and then, naturally, comes court, a trial, a verdict, and banishment to the underground. There, overpopulation, squalor, depression, and dark nights of the soul have made many go mad; it's marked others with a strange, useless destiny, the purpose of which no one can determine.

Some whisper that this people fell into oblivion from shame or dismay at one of those monstrous horrors that were so common in the past.

Others warn that you can't take anything from the earth with impunity, or rid the earth of anything—because where are you supposed to put it? It always remains deep down somewhere, in thoughts, in trashcans, and we never know when it'll turn against us.

It's curious that, despite everything, some daring souls still smuggle air and light underground. And it's incredible that, under the guise of drug trafficking, the Sicilian mafia has a hand in it.

I've seen improbable reports claiming that escapees from this place are taken alive and raised to heaven in a rapture, as the Bible has intimated for thousands of years. In its apocalyptic sections, the Bible reveals to us those *who come out of great tribulation and are arrayed in white robes*—last Sunday, one of these revelations happened here.

On Pułaska Street, a crowd had gathered around a manhole between the sweet shop and a chapel of unidentifiable denomination. Around noon, a she-angel appeared wearing a shimmering white robe that reached her feet. Witnesses claim that she smiled at everyone who crawled out of the earth, and urged: come on out! She looked elegant and almost corporeal in her stunning dress. She held out her white-gloved hand. She led those who had been delivered from their tribulations into the chapel.

From there, the white spread. The slightly darker white of the floors was different than the lighter white of the walls. The white, unadorned marble of the altar and pews looked icy. Nothing seemed deprived of color or washed out, it was just that white was obligatory. No shadows fell anywhere. The white and the cold were in harmony. People sat and

koloru, ani wyblakłe, obowiązywała tu po prostu biel. Nigdzie nie kładł się cień. Z bielą harmonizował chłód. Ludzie siadali i klękali w bardzo porządnych rzędach, jakby każdy znał tu swoje miejsce. Wszyscy mieli odwieczne, brudne twarze czekających na cud. Nikt się nie poruszał, nie wiercił, nie wzdychał.

Cud nastąpił, gdy rozległ się anielski śpiew. Czegoś takiego może się i spodziewano, ale nie do tego stopnia. Z początku nikt nie śmiał, lecz wkrótce co odważniejsi też oddali pieśni swój głos. Niedługo biały strop zaczął drżeć, jakby był dekoracją barokowej opery, marmur zaś całą swoją powierzchnią głośno rezonował.

Biel, uwolniona w końcu nawet sama od siebie, wznosiła się coraz wyżej i wyżej, jak koloraturowa tęcza, bezbłędnie jak duch, a wraz z nią wszyscy obecni, porwani, uprowadzeni, przeanieleni w czysty dźwięk—i wydaje się niemożliwe, by uszedł z tego ktokolwiek, kto miał słuch absolutny.

CO NIEMOŻLIWE

Co wydaje się niemożliwe, to właśnie śpiew. Sny śpiewają za mnie. Nadają też muzykę symfoniczną, patetyczną albo zwyczajną, radiową. Melodie wytwarzają z surowców naturalnych takich jak deszcz albo wiatr, używają też nut, orkiestr, chórów lub czegokolwiek podobnego, co w danej chwili jest w zasięgu ręki. Żadnej z nich nie potrafię naśladować. Na sekundę przed dźwiękiem coś chwyta mnie za gardło.

Lecz wszystko, co niemożliwe, zmienia się przez sen. Z takim powodzeniem chodziliśmy po ulicach, że z jednego wynikało nie drugie, a trzecie. Miało to coś wspólnego z budową sali do medytacji w pobliżu pawilonu marszandki F. Mówiło się przy tym o czymś szesnastopoziomowym, szesnastokaratowym czy szesnastokrotnym, co nie ma ani wyglądu, ani niczego innego, po czym można by to rozpoznać. Dopiero po południu przyszedł mi do głowy lotos szesnastopłatkowy. W podręczniku medycyny chińskiej szesnaście płatków ma lotos czakry gardła—ni stąd, ni zowąd sny przenoszą się do ciała, ucieleśniają się. Nie są to tylko dzieła sztuki.

Czakry to ośrodki energetyczne w kształcie kół. Czakra gardła opisana jest jako siedziba dźwięków w ciele. Oznacza się ją półksiężycem na

kneeled in orderly rows, as though everyone knew their place. They had the timeless, dirty faces of people waiting for a miracle. Nobody moved or fidgeted. No one sighed.

The miracle occurred when the room filled with angelic song. Maybe something like this had been expected, but not to this degree. At first nobody dared to join in, but soon the braver ones added their voices to the hymn. It wasn't long before the white ceiling started shaking like a decoration in a baroque opera, and every inch of marble reverberated.

The white, freed at last even from itself, ascended higher and higher, like a coloratura rainbow, immaculately as a ghost, and everybody present ascended along with it, they were taken, guided, transformed into angels, into pure sound—I can't imagine that anyone who had perfect pitch was overlooked.

WHAT IS IMPOSSIBLE

What appears impossible is singing. Dreams sing in my place. They play symphonies too, sometimes sublime, sometimes the ordinary ones on the radio. They take raw materials and make them into melodies that sound like rain or wind, they use notes, orchestras, choirs or anything else available, whatever is within reach. I can't imitate any of them. The moment I'm about to make a sound, something seizes my throat.

But what is impossible is transformed in dreams. We were doing so well walking through the streets that a second thing didn't follow from the first, but a third. It must have had something to do with the construction of a meditation hall near the gallery of F's art dealer. And people had been talking about something with sixteen levels, sixteen carats, or that had happened sixteen times, something that you can't recognize by its appearance or any other quality. It wasn't until that afternoon that I remembered the sixteen-leaved lotus. According to a book of Chinese medicine, the throat chakra is depicted as a lotus with sixteen leaves—out of nowhere, dreams slip into the body, become embodied. They aren't only art.

Chakras are centers of energy shaped like circles. The throat chakra is

białym tle. Półksiężyc jest symbolem czystości, a czakra ta nazywana jest *czystą*, jak marmur i biel. Energia napływa tutaj z szesnastu wymiarów. Wszystkie ulegają tu oczyszczeniu do swej najbardziej subtelnej esencji: *vissiudha czakra stanowi szczyt stupy, czyli świątyni wewnątrz ciała*. Ta czakra to również ośrodek marzeń i snów. Większość nauk zostaje tu objawiona przez sny, a sny są dokładnie tym, czym wydają się być, jeśli napotykają w ciele na przeszkody, mszczą się i mogą zabić.

MNIEJ PSYCHOLOGII

Iść do doktora, to jeszcze nic, ale widzę po drodze, jak zmyślni młodzi terroryści podkradają energię za pomocą bardzo skomplikowanych połączeń, rurek reanimacyjnych. Trzeba łapać ich na gorącym uczynku, bo działają na zimno, z dużego teatru wynoszą stare dekoracje i zostawiają je byle gdzie, pod warunkiem, że ładnie tam będą wyglądały. Na środku sceny królują piękne, marmurowe schody urwane w połowie. To schody donikąd lub do nieba. Może FBI będzie mogło czuwać nad naszym bezpieczeństwem, jeśli zechce zstąpić. Ale po krętacku manipulowano przez całą noc przy wszelkich możliwych połączeniach. W celach politycznych, społecznych albo religijnych palono bardzo mocne papierosy. Pozostawałam wciąż pod ścisłym nadzorem policyjnym. Podpisywałam zobowiązanie terminowe, że będzie odtąd mniej psychologii, więcej magii.

Rozmowa o czakrach to pod wieloma względami chińszczyzna, ale doktor wyraźnie mówi, że energia nie tylko pnie się w górę jak po schodach, ale spływa również z wyższych czakr do niższych, aby je kontrolować. Ogarnia mnie lekka paranoja związana z kwestią władzy jednych nad drugimi. Coś dzieje się nie tylko między niebem a Rosją, wszędzie rozwiera się jakaś bezdenność, człowiek nie ma szans. Zastanawiałam się, jak odkraść sobie po cichu trochę energii i wyjść. Biedni, słabi, cisi, ubodzy duchem i pokornego serca nie śmią nawet śnić o tym, że można być człowiekiem, dając niewiele znaków życia. Moje myśli były coraz mniejsze i mniejsze, i tym łatwiej zapadały się w coraz większą głąb—jak

said to be the center of sound in the body. It's symbolized by a half moon over a white background. The half moon is a symbol of purity, and the throat chakra is called *pure*, like marble, or the color white. Energy flows into it from sixteen different dimensions. Here, everything is purified into its most subtle essence: the vishuddha chakra is the spire of the stupa, or the temple within the body. This chakra is also the center of fantasies and dreams. Most teachings are revealed here by way of dreams, and dreams are exactly what they appear to be; if they encounter a barrier in the body, they seek revenge, they kill.

LESS PSYCHOLOGY

Going to the doctor is no big deal, but on the way there, I witness how some crafty young terrorists are pilfering energy using complicated connections of tracheal tubes. You have to catch them red-handed, because they act in cold blood, they carry old decorations out of the big theater and leave them in any old place, so long as they'll look good there. At the center of the stage, there's a beautiful marble staircase that stops halfway up. Stairs to nowhere, or to heaven. Maybe the FBI will protect us, if it ever decides to descend. But over the course of that night, every possible connection was tampered with. We smoked very strong cigarettes for political, social, and religious reasons. I remained under state control. I signed an agreement declaring that from now on, there would be less psychology, and more magic.

Chakras are as difficult to understand as Chinese would be for me, but the doctor explains clearly how energy doesn't only climb upward, as though ascending a flight of stairs, but also flows downward, from the highest chakras to the lower ones to keep them under control. A mild paranoia over power dynamics spreads through me. It's not only between the sky and Russia that something is happening; some kind of chasm is opening everywhere. A person doesn't stand a chance. I consider how I could stealthily steal some energy back and leave. It's something the poor, the weak, the quiet, the faint in spirit and humble of heart don't dare to even dream about, that it's possible to be a person while showing so few signs of life. My thoughts became smaller and smaller, and collapse all the more easily into a spreading void—like those fishlike sea creatures

te rybie istoty morskie, z których jedna drugiej nie obchodzi, a każda płynie w inną stronę.

KONTROLOWANY KAPRYS

Proszę o przyśnienie mi czegoś dla odmiany, więc obdarowuje się mnie bezsennością. Nieznana mi rzeczywistość to ta, gdzie krąży moc. Na co dzień, jak wszyscy, mam do czynienia raczej z przemocą niż z mocą. Czarownik Don Juan uczy o mocach śmierci.

Myśl o śmierci jest jedyną rzeczą, która hartuje ducha. Życie pod wpływem śmierci staje się kontrolowanym kaprysem, który polega na robieniu czegoś ze świadomością, że jest to bezskuteczne. Najpierw należy upewnić się, że jest to bezskuteczne, a potem zachowywać się tak, jakby się o tym nie wiedziało. Udaje się ta sztuka, gdy nic już nie ma znaczenia, gdy już na niczym nam nie zależy. Wszystko, co wtedy robimy, jest kontrolowanym kaprysem—tak więc cokolwiek mi się śni, zawsze mogę wybrać jawę, a cokolwiek się jawi, mogę nazwać snem. Ponieważ, *kiedy człowiek nauczy się widzieć sny, zostaje na świecie sam—* jedynie ze swoim kaprysem.

Strażnik, który nie wpuszcza do świata śnienia, zawsze zostaje w końcu pokonany. Wpuszczeni zostawiają za sobą zwykłe życie i wchodzą do snów. Magia śnienia jest przerażająca, gdyż nie chronią przed nią sposoby zwykłego świata. Śmierć jest tam obecna zawsze i zawsze pomaga, bo to, czego dotknie, staje się mocą. Totalna zagłada oglądana w dziesiątkach snów pomaga nie pragnąć niczego trwałego i do niczego za bardzo się nie przywiązywać. W końcu nawet samo wyobrażenie śmierci z wolna staje się niczym. W ten sposób osiąga się *cichą pasję życia*.

Śmierć ma dwa etapy. Zaciemnienie, lekkość, pełnia i nieprzejmowanie się niczym to powierzchowna śmierć. Drugi etap to wejście w wymiar surowości i mocy—zimne draństwo, czy coś w tym rodzaju. Czytać i czytać po nocach przez półprzymknięte oczy to dowiadywać się wszystkiego osobiście, prawie bez pośrednictwa liter. *Uderzenie śmierci jest cichą furią i mocą, aż rozpuści nasze życie w mgłę.* Tak postępują terroryści.

that don't concern themselves with one another, that swim in different directions.

CONTROLLED CAPRICE

I ask to dream something different, so I'm rewarded with insomnia. I'm not familiar with a reality where power circulates. Like everyone else, I'm used to dealing with abuses of power, rather than power itself. The sorcerer Don Juan has a lot to say about the power of death.

Thinking about death is the only way to strengthen the soul. Life under the influence of death becomes a controlled caprice that rests on doing something while being fully aware of its futility, but acting as though you have no idea. The trick only works when everything loses its meaning, when nothing matters to us anymore. Then everything we do is a controlled caprice— and so, regardless of what I dream, I can always choose reality, and whatever appears in reality, I can call a dream. Because *when a person learns to see their dreams, they're alone in the world*—they have nothing but their caprice.

The sentry who guards the world of dreams is always defeated in the end. Everyone allowed inside leaves their regular lives behind and steps into a dream. The magic of dreaming can overwhelm us, since we don't have the conventions of the regular world to shield us. Death is always present, and always helps by transforming whatever it touches into power. Once you witness total destruction in dozens of dreams, you stop longing for anything permanent, you stop clinging too much to anything. Eventually, even imagining a slow death becomes trivial. In this way, one realizes *the quiet passion of life*.

Death has two stages. First, a darkening, a lightness, fullness, and tranquility that's death's outward appearance. In the second stage, you enter a dimension of austerity and force—cold sordidness, or something similar. If you spend hours and hours of the night reading with your eyes half-closed, you come to understand everything for yourself, practically without the mediation of letters. *The blow of death is a quiet force and fury*

Całkowicie wolnej woli nie ma i nigdy nie było. Za pomocą tej właśnie woli czarownik wybiera rzeczy, które tworzą jego świat. A każda rzecz, którą wybiera, jest jego tarczą ochronną, dlatego rzeczy te nie mogą być wybrane byle jak, muszą być tymi, które przynoszą wielki spokój i przyjemność, i można je znaleźć tylko na ścieżce serca. Całą resztę należy odrzucić. Zostawić tylko to, co zachwyca.

GŁOSY

Słucham nagrania wykładu o śnieniu, przywracam sobie tę historię i przywracam siebie tej historii, o której mówią głosy. Co ciekawe, każdy głos mówi o sobie "ja", po pewnym czasie nie ma więc nikogo innego niż "ja", przynajmniej tu, gdzie słucham, bo tam, gdzie mówią głosy, nie jest to może jeszcze całkiem pewne. Lecz jeśli wszyscy to "ja", a każdy głos protestuje przed byciem kim innym i każdy nazywa sobą to, co o sobie wie, czego w sobie chce, co stwarza na swój obraz—ja mam oczywiście do czynienia tylko z dźwiękiem i może dlatego się niepokoję—gdzie w takim razie podziewa się to, co niechciane, niewiedziane, niestworzone, gdzie albo nigdzie znajduje się to, do czego nikt się nie przyznaje, bo jeśli nie wiadomo, gdzie to jest, może to być wszędzie, może to być we mnie.

Tematem rozważań jest śnienie, a więc zarówno pokusa zatapiania się w sobie, jak i oceanicznego roztapiania się jest ogromna, a w miarę upływu czasu i zapuszczania się coraz głębiej wszyscy mówiący "ja" mylą się już nie tylko ze sobą nawzajem, ale i w ogóle, choć każdy myśli, że w głębi duszy dobrze wie, gdzie przebiega magiczna linia, poza którą nie udaje się już niczego rozpoznać jako czegoś innego niż co innego, niż to, co tak bardzo przyciąga, co kusi jak *nagual*.

Po drugiej stronie kasety niepokój jest jeszcze wyraźniejszy: mówią o tym głosy subtelne i chropowate, ciemne i jasne, wysokie i niskie, i jeden zupełnie nierozróżnialny głos przypominający chichot jakiejś niecierpliwej istoty nad brzegiem wzburzonego morza, aż sprawdzam, czy w magnetofonie nie wyczerpują się baterie—albo czy tam, w środku,

until it dissolves our life to fog. Which could also describe how terrorists act.

There is no such thing as complete free will and never has been. Using his will, the sorcerer selects the things that create his world. Everything he picks is his protective shield, so he can't choose carelessly, they must be things that bring him great peace and pleasure. You can find them only on the heart's true path. Everything must be discarded. Keep only what entrances.

VOICES

I'm listening to a recording of a lecture on dreaming. I return to the story, and return to the me of the story—the story that the voices tell. What's interesting is that every voice calls itself "I," so that after a while there's nobody other than "I," at least not here, where I'm listening; there, where the voices are speaking, perhaps this isn't clear yet. But if everyone is "I," and every voice protests against being someone else, and everyone says they are exactly what they know about themselves, what they want in themselves, what they create in their image—of course, I'm only dealing with sound here, which could explain why I'm agitated—where, then, does that which is unwanted, unknown, and unformed exist, where but nowhere can we find what nobody admits to? Because if we don't know where it is, it could be everywhere. It could even be inside me.

The subject of the analysis is dreaming, meaning that the temptation to drown oneself in oneself, to effect an oceanic dissolution of oneself, is enormous. And after a while, after going even deeper, everyone saying "I" confuses themselves not only with each other, but also just in general, even though everyone, from the depths of their souls, believes that they know exactly where the magic border lies, the border beyond which we can't recognize anything as other, or anything other than the thing that attracts us so strongly, that tempts like the *nagual*.

On the other side of the cassette tape, the agitation is even clearer: the voices discussing it are delicate and coarse, dark and light, high and low, and there's one voice that's completely unintelligible, that reminds me

w mowie, w rzeczywistości mówienia, nie stało się przypadkiem coś nieodwracalnego, bo dlaczego ktoś właśnie w tym miejscu wybucha nerwowym śmiechem: albo jest jakaś tożsamość, albo nie; nie ma mowy o byciu gdzie indziej niż w jawie, kto to słyszał?

Tam chyba nikt, ale tutaj słyszę to całkiem dobrze, więc czym prędzej zatrzymuję taśmę jakbym zatrzymywała świat i okazuje się, że zatrzymuję go we właściwym momencie, to znaczy na samym brzeżku, dzięki czemu hamuje bezkolizyjnie tuż przed końcem.

W TELEWIZJI

Przyszedł wielki strach i coś mi zrobił, dlatego włączam telewizor. Nie tak dawno temu w Malezji urodził się waran, brat człowieka. Szamani bębnią na jego cześć. Waran ma na imię Andy, jest wysłańcem Bogów i członkiem ludzkiej społeczności. Muzycy grają specjalnie dla niego. Cała wieś przychodzi. Zabijają zwierzę ofiarne, a waran patrzy na to jak człowiek, jakby czegoś się domyślał.

Na wyspie Celebes mieszka dziewczynka i jej siostra krokodylka. Dziewczynka wyjeżdża na studia, więc krokodylka cała we łzach. Mieszka w komórce. Łapy ma ustrojone kolorowymi paciorkami. Wszyscy patrzą jak je. Pochłania tuzin jaj rozwartą paszczą, ale nie wszystkie na raz. Głaszczą ją. Głaszczą wzdłuż, bo leży jak długa, przeciąga się. Jest to historia dziwna, lecz prawdziwa.

W Polsce żyje w górach eremita. Wycisza się, by lepiej słyszeć głos Boga, bo Bóg mówi raczej wewnątrz człowieka niż na zewnątrz. *To, co niedobre w nas, trzeba wyrzucić*—znowu nie dowiaduję się, gdzie jest to miejsce w świecie, którego ciągle szukam, a które nie jest już tak naprawdę światem, lecz śmietnikiem. Eremita śpiewa pieśni, uprawia ogród: owoce to cnoty. Ma radosne, szalone oczy. Mówi: nie tak ma być, jak ja chcę. Co moje, to nie. Co ja uważam, że jest dobre, wobec Boga nie jest dobre. Mówi, że podziw przejmuje człowieka.

of some impatient creature's cackle on the shore of a stormy sea, until I open the cassette player to check if the batteries are dying—or if in there, inside, in speech, in the reality of speaking, something irreversible has happened, because why else would someone erupt in nervous laughter right here?—either there is some identity or there isn't; it's impossible to be somewhere other than the waking state. Who ever heard of such a thing?

Probably no one over there, but here I hear it clearly, and so I quickly stop the tape as though I were stopping the world, and it turns out that I stop it at the perfect moment, that is to say, on the very edge, thanks to which it brakes smoothly right before reaching the end.

ON TV

I had a great shock, and it did something to me. That's why I turn on the TV. A monitor lizard was born not too long ago in Malaysia, a human's baby brother. Shamans beat their drums to welcome him. The monitor lizard is named Andy, and he is an emissary of the gods as well as a member of the human species. Musicians play just for him. The whole village comes. They kill an animal as an offering, and the monitor lizard observes all this as though he were a human, as though he were figuring out something.

On the island of Sulawesi, there lives a girl and her little crocodile sister. The girl is leaving for college soon, so the little crocodile is in tears. She lives in an underground cell. Her claws are ornamented with colorful beads. Everyone watches while she eats. She devours a dozen eggs with her mouth wide open, but not all of them at once. The people stroke her. They stroke the whole length of her as she lays stretched out as long as she can. It's a strange story, but a true one.

A hermit lives in Poland's mountains. He lives in total silence so he can better hear the voice of God, because God tends to speak inside a person, rather than externally. *We must purge the evil within us*—once again, I fail to find the place I'm always searching for, a place that is no longer truly the world, but a wastebasket. The hermit sings hymns and tends to

STARE MIASTO, NOWY ŚWIAT

Ta historia zaczyna się brnięciem w stronę Starego Miasta w biały dzień. Tego właśnie dnia miasto wyraźnie przechyliło się w bok i spod nowoczesnych dzielnic zaczęły wyłazić wertepy i rozkopy. W najbardziej cywilizowanych miejscach wyrosły brudnobrązowe trawy, ze ścian biurowców co chwila sypał się gruz, brukowe kamienie wypuczyły asfalty, a deszcz posępnie spustoszył ulice. Okna zmatowiały. Napisy znikły. Windy jeździły raczej wzdłuż niż wzwyż, ale nikt o tym nie wiedział, a zatem z nich nie korzystał—nikt nie wpadł po prostu na to, że z miasta powoli znika powierzchowność i że coś innego spod spodu zaczyna się wychylać.

Nad Marszałkowską ciemności zapadły już wczesnym popołudniem. Nie rozjaśniał ich żaden błysk. Pogasła cała elektryczność. Od dawna nie zgrzytnął ani jeden tramwaj. Wszystkie autobusy jechały wyłącznie na Pragę i były to staroświeckie autobus *jelcz*. Nie zatrzymywały się na przystankach, aby przypadkiem nie wpaść do przechyłu. Ktoś, kto by czekał na mnie na Starówce, musiałby już dawno sobie pójść. Mógłby też obserwować jak to, co jeszcze niedawno jakoś się przecież poruszało, zsuwa się teraz tylko na pobocze i tam, nachylone pod kątem, zamiera.

Znaleźć się po tym wszystkim w więzieniu, to zmusić sen do przybrania szczególnie drastycznych form. Tym bardziej, że bandyci osadzeni w celach mieli wygląd piłkarskich mistrzów świata z aureolami wokół głów. Mówiło się o komunizmie, aż podniósł się bunt. Z powodu przeciążenia ideologią nawet więzienia okazały się skompromitowane.

Wyjście, które się otworzyło, prowadziło w pośpiechu przez długi ciąg amfiladowych sal. Przypominały sale krawieckie lub tureckie, pełne kłębów materii, draperii, pluszów i dywanów. Żadnego wyczuwalnego przechyłu. Wychodziło się wprost na Nowy Świat. Wsiadało się do

his garden: fruits are virtues. He has joyous, crazy eyes. He says: things aren't supposed to be the way I want them to be. What is mine is not. What I consider to be good is the exact opposite in the eyes of God. He says that when he feels awe, he feels overcome.

OLD CITY, NEW WORLD

This story begins with a slog toward the Old Town in the bright white of day. This is the day the city tilted visibly to the side. Bumpy earth and ditches emerged from under the newer neighborhoods. Dirty brown grass sprang up in the most civilized parts of the city, rubble fell from the walls of office buildings every other minute, cobblestones stuck out of the asphalt, and gloomy rain fell and emptied the streets. Windows became tarnished. Signs disappeared. Instead of moving up and down, elevators started moving horizontally, but nobody noticed, nobody used them anyway—simply put, nobody realized that the city was slowly shedding its outward appearance, and that something different was starting to peek out from underneath.

On Marszałkowska Street, darkness fell in the early afternoon. Not a single glint of light lit up the sky. The electricity went out. Trams hadn't creaked past for a while now. The buses only went to Prague. They were old-fashioned Jelcz buses, and they didn't stop at bus stops because they didn't want to tumble into the tilt. If anyone were waiting for me on Starówka Street, they'd have left a long time ago. They may have seen how what had just been moving freely was now only sliding to the shoulder and there, bent at an angle, dying.

Finding oneself in jail after all this is forcing one's dream to adopt some exceptionally dramatic forms. Especially when the bandits in the jail cells looked like soccer stars with halos around their heads. We talked about Communism until somebody protested. Laden with ideology, even the jails were compromised.

The exit that opened up led me quickly through a long stretch of connected rooms. They were like the rooms of tailors or Turks, full of rolls of fabric, drapery, pillows, and rugs. There was no perceivable tilt.

pojazdu o półprzezroczystym suficie i ścianach. Ruszył przez miasto, którego—sądząc po skrajnie dziwnej geometrii—raczej nie powinno być. Błyszcząc i połyskując, straciło cały swój cień. Istniało jakby w najwyższym, superprzejrzystym stopniu, bez różnicy między wnętrzem a zewnętrzem. Stało się w końcu oczywiste, że to iluzja, sprytnie zetknięta z moim wzrokiem, a może nawet olbrzymia, komputerowa symulacja. Trudno było ocenić, czy przynajmniej jedziemy naprawdę, czy nas też symulują—bo na zakręcie ulicy Królewskiej to budynki cofnęły się przed nami, nie my. Oto coś! Nic bezpośredniego, coś halucynogennego—może fałszywego, lecz na żywo.

CZYTANIE DON JUANA

Czytam, aby nie zajmować się rzeczywistością. Czekam na omen: teraz. Wszystko jest wyzwaniem. Najskuteczniej jest postępować tak, jakby się w któryś świat wierzyło, a najbardziej niebezpiecznie jest wtedy, gdy żaden świat już nie jest ani tamtym, ani tym. Wiarę trzeba traktować jak wybór, *najgłębsze upodobanie*. Bez tej wiary nie ma nic. Trzeba też zastanowić się nad tym, co jest jej przeciwne, bo może właśnie w to uda się wierzyć bardziej.

Każdy człowiek to dwie oddzielne istoty. Pierwsza—*tonal*. Druga—*nagual*. Po pierwszej stronie—rozum. Pod drugiej—rozmaicie. Świat tego nie wie, więc z tym igra. Zawsze trzeba przemawiać i do *tonala*, i do *naguala*. Najpierw do *tonala*, bo to on musi dobrowolnie zrezygnować.

Na czyny *naguala* nie wolno patrzeć bezpośrednio. Trzeba traktować go, jakby był czymś zwyczajnym. Mrugać, a nie wlepiać oczy. Przekonać tonal, że istnieją inne światy, które można oglądać tymi samymi oczami. Co ma być, wybierać ciałem. Ono wie, kiedy wybieramy niewłaściwie. Wymazać osobistą historię. Ciągle po trochu ją gubić. O niczym z góry nie przesądzać. Zacząć od prostych rzeczy. Chodzi o magię i mgłę, które zapobiegają uznawaniu czegoś za jedynie rzeczywiste. Przemawiać do roślin i zwierząt. Robić to przy ludziach.

I exited straight onto Nowy Świat Street, then stepped into a car that had a half-transparent roof and sides. The car set off through the town, which—judging by its strange geometry—really shouldn't exist. Shining and shimmering, it had lost all its shadow. It was at the highest, most transparent state, where there was no difference between interior and exterior. At last I understood that this was an illusion expertly affixed to my eyes, or maybe even a huge computer simulation. It was difficult to say whether we were even really being driven in a car, or if we too were being simulated—because at the turn on Królewska Street, the buildings made way for us, instead of us making way for them. Just imagine! Nothing straightforward, something hallucinatory—maybe fake, but broadcast live.

READING DON JUAN

I read to ignore reality. I wait for an omen saying: now. Everything is a challenge. The best thing to do is act as though you believe in some world; you're in danger when every world is neither this nor that. We should treat faith like a choice, like the *deepest inclination*. Without faith, there's nothing. And then we have to figure out its opposite, maybe because it's easier to believe in.

Every person is composed of two distinct entities. First—*the tonal*. Second—*the nagual*. On one side—reason. On the other—a range. But we don't realize this, so we don't take it seriously. A person must always appeal to both the *tonal* and the *nagual*. First to the *tonal*, because it has to withdraw voluntarily.

We can't observe the *nagual* directly. Rather, we have to treat it as though it were something ordinary. Blink instead of staring. Convince the *tonal* that there are other worlds, and we can see them all with the same eyes. Choose what should use the body. It knows when we choose correctly. Erase personal history. Lose it steadily, little by little. Settle nothing in advance. Begin with simple things. This is about magic and mist, which shield us from seeing something as real and nothing else. Speak to plants and animals. Do it when people are around.

Nikomu się nie tłumaczyć. Nie przebywać zbyt długo z osobami, które kocham. Oszczędnie obchodzić się ze światem. Zamiast zjeść pięć przepiórek, zjeść jedną. Nie wyczerpywać siebie i innych. Martwienie się to stawanie się dostępnym. Nic nie robić z przyzwyczajenia. Zawsze pytać: *a gdyby to była twoja ostatnia bitwa na ziemi?*

RODZAJ LUDZKI

Niedawno urodziło się tak brzydkie dziecko, z twarzą tak straszną i pomarszczoną, ze ślepiami tak wyłupiastymi i bez powiek, z palcami tak żabimi i łuską na całym ciele, że opisują to gazety. *Nasze krowy przestały dawać mleko*, powiedzieli ludzie. *Bałam się, że przegryzie mi gardło*, mówiła opiekunka noworodków. Medycyna zna zaledwie pięćdziesiąt takich przypadków w historii. Matka go nie chciała. Ludzką rzeczą jest lęk i wstręt. Aż jedna z pielęgniarek wzięła go do siebie i teraz mówią o niej, że *niedojrzała emocjonalnie, czy ona już pieniędzy na chleb nie ma, że taką poczwarę pod dach sobie wzięła?* Wszystko można ukryć, ale najtrudniej twarz. Mówią, że *to nie od Boga* ta istota, jakby każdy dokładnie wiedział jak wygląda człowiek, anioł czy anioła.

Chirurg plastyczny mówi, że to prawda, wszystko można w pewnym stopniu ukryć, nawet garb, ale twarz trzeba mieć. Mieć, aby być. Mieć to wypisane na twarzy, że się należy do rodzaju. Ważny jest rodzaj ludzki. Sam fakt. Zachowywać twarz należy nawet przez telefon i w zapadającym zmroku. Twarz decyduje o realności, mimo że jest w dużym stopniu dziełem ducha. Jakoś to się ma do imion, nazwisk, luster, do zjawisk endokrynologiczno-genetycznych i paranormalnych. Także do Kobiety z Wroną, którą widziałam na skrzyżowaniu dróg. Nie miała twarzy. Milczała jak duch. Kto ją o coś zapytał, nic nie wskórał, zbłądził.

A teraz, we śnie, niewidzialna kobieta uczy mężczyznę jak być bardziej ludzkim. Podaje mu na talerzyku dwa okrągłe ciasteczka z twarzami: dwie okrągłe, słodkie, lukrowane buzie, nosy, oczka, ustka. Nie wolno ich dotykać, a tym bardziej jeść. Przez telefon ironizuje na ten temat ktoś półprzytomny, nagi lub pijany. Wówczas kobieta bierze ciasteczka, bierze też ścierkę do kurzu i sumiennie, paroma ruchami z każdego ściera twarz. Jeśli tak, nie będzie nic. Twarze znikają razem z całym snem, z ciasteczkiem, z ludźmi, z kulą ziemską: wyraz po wyrazie.

You shouldn't explain yourself to anyone. Shouldn't spend too much time with people you love. Interact with the world sparingly. Instead of eating five quail, eat one. Don't exhaust yourself and others. Worrying means becoming available. Do nothing out of habit. Always ask: *and if this were your last battle?*

THE HUMAN SPECIES

Not too long ago, a child was born that was so ugly, with a face so horrific and wrinkled, with eyes so bulging and without eyelids, with fingers so froglike, and scales covering its entire body, that the story showed up in newspapers. *Our cows have stopped producing milk*, the people said. *I was afraid it would lunge at my throat*, said one nanny. There have only been fifty such instances recorded in medical history. The baby's mother didn't want him. Fear and disgust is human nature. Finally, one of the nurses took him in, and now they whisper that she's *emotionally underdeveloped, has she run out of money for bread, is that why she brought such a monster under her roof?* You can hide everything, but a face is the hardest thing to hide. They say that *it didn't come from God*, this being. As if any of them could say with certainty what a human or an angel or a she-angel looks like.

The plastic surgeon says it's true, you can hide everything to a certain degree, even a hump, but everyone needs to have a face. To have, therefore to be. To have it written on your face, that you belong to a species. The human species is important. Just the fact of it. A person must hold on to her face even over the telephone, even in the falling dusk. A face determines reality, even if it's largely a work of the soul. This has something to do with names, last names, mirrors, with endocrine-genetic and paranormal phenomena. And also with the Woman with a Crow, who I saw at the crossroads. She didn't have a face. She was silent as a ghost. Whoever asked her anything didn't get anywhere, only got lost.

And now, in a dream, an invisible woman is teaching a man how to be more human. She hands him a plate with two round cookies with faces: two sweet, glazed faces with noses, eyes, and lips. The man is not allowed to touch them, much less eat them. Over the telephone, someone half-

BANDYCKIE OKULARY

Zostawił je na chwilę, więc zabrałam. Ciemnobłyszczące, lustrzane, ze specjalną wyściółką, aby go nie uwierały. Dzięki nim mógł ryzykować skrytobójcze zapisywanie swoich hazardowych procentów na pudełkach papierosów. Powinnam zanieść je na policję, z odciskami palców. Dowiedzieć się, kim jest. Nie miałam odwagi, bo wówczas sprawa stanie się głośna, tak czy owak mnie zabije. W jego rękach była matka i dziecko: jego matka i jego dziecko, a mnie najczystsza wściekłość ścigała ulicą Grójecką i dalej, do rozdroży. Głos z megafonu ogłaszał co prawda koniec komunizmu, ale żadnego początku! Nie można było nawet sformować rządu! Przez to!

Podczas pełni Księżyca przypominają mi się przez te okulary początki wszystkiego, tak jakby się patrzyło dawno, dawno temu, gdy uczyłam się świat pomniejszać, nie podziwiać—pomniejszać, aby się nikomu za bardzo nie podobał. Miało się obejść bez zachwytów. Bez wchodzenia do pewnych pomieszczeń, w pewne sprawy, bez wyszukanych słów, bez odstępstw od tak zwanej prawdy i bez tego także, jaka ona jest—nagle przychodzi mi do głowy, że ten bandyta musi być kobietą! Żaden mężczyzna nie byłby aż tak surowy, tak nieprzystępny i tak gotowy na ryzyko życia wewnętrznego!

I nad ranem widzę tę kobietę ze skręconym karkiem na ścieżce w ogrodzie. Ktoś ją zabił, ale to przecież tylko lalka do zabawy, aby się nie nudzić do czasu koronacji—bo będzie właśnie koronacja Króla i Królowej w wielkiej sali. Wszystko to może się zdarzyć, bo wszystko jest dla mnie jednakową świętokradczą tajemnicą i poddaję się jej. Za dużo śnię. Wszędzie śnię. Mówię: rano przyjdzie służąca i posprząta.

conscious, naked or drunk, makes an ironic comment. Then the woman takes the cookies and a dust rag, and wipes their faces off with a couple thorough strokes. If this is how it's going to be, there isn't going to be anything at all. The faces disappear along with the entire dream, with the cookies, the people, the planet Earth: they disappear one word at a time.

THE BANDIT'S GLASSES

He set them down for a minute, so I took them. Dark and reflective, with a special padding so they wouldn't chafe my skin. The glasses are what made him risk writing his gambling proceeds on a cigarette carton with the stealth of an assassin. I should take the glasses to the police, since they have his fingerprints. Find out who he really is. But I didn't have the courage, because then the issue would go public, and he'll kill me anyway. He had a mother and a child in his arms: his mother, and his child, and the purest fury was chasing me down Grójecka Street and then even farther, to the crossroads. The voice over the megaphone was announcing the end of Communism, but no beginning of anything else! We couldn't even form a government! And this was the reason why!

During the full Moon, I use the glasses to think back to every beginning, as though I were looking into the far, far past, back to when I was learning how to downplay the world, not wonder at it—to downplay it so nobody would like it much. I wanted to walk around it without feeling rapture. Without walking into certain rooms or certain issues, without sophisticated language, without violating the so-called truth, and without truth itself—suddenly, I realize the bandit must be a woman! No man could be so severe, so unapproachable, so ready to risk his inner life!

And in the morning, on a garden path, I come across the woman with her neck wrung. Someone killed her, but look, it's just a doll, a plaything, something to stave off boredom until the coronation—because it turns out the coronation of the King and Queen is about to take place in the great hall. All of this can happen because, to me, everything is the same sacrilegious mystery, and I give myself up to it. I dream too much. I dream everywhere. I say: the servant will come clean up in the morning.

SZAMAN-GENERALISSIMUS

Idę brzegiem chodnika i rozglądam się po wczorajszym bandyckim otoczeniu. Widzę lombard. Wygląda jak przed laty, gdy kręciłam się po wąskich uliczkach dwuosobowym rowerem tak, że straciłam z oczu drogę, a może chwilowo nawet wzrok. Zatrzeszczało coś u kół, rower rozbił się o kamienne schodki wiodące do lombardu czy antykwariatu. Zmurszałe dzieła rękopiśmienne w witrynie: weszłam tam. Odwzorowany staroświeckim, zdumiewająco żywym pismem czas. Dużo piękna w literach. *Sporo czystego nonsensu, prawda?*—powiedziałam do człowieka w stroju syberyjskiego szamana-generalissimusa, który uśmiechając się drętwo wydobywał coś na wierzch z aksamitnego, podniszczonego pudełeczka. Wykupywał po zawyżonej cenie swoje relikwie związane z jakąś burzą morską? wynalazkiem? ślubem? Przyniósł je tutaj kiedyś w momencie życiowego roztargnienia albo zagrożenia. Były to nieokreślone, metaliczne precjoza o kształcie minimalnie przesuniętym w geometrii albo w czasie, dzięki czemu na pewno miały większą moc. Pod spodem leżało straszliwe zdjęcie szamana z orderami. Obok bukiecik zasuszonych kwiatów. Fiołkowe, wydawały się odzyskiwać świeżość, więc wyciągnęłam po nie rękę—bo generalissimus pochylił się ku mnie z mamrotaniem, jak spełniacz życzeń, jakby zamierzał mi je dać. Albo je tylko uwyraźniał, rozpoznawał jakimś nieznanym mi wspomnieniem. Cofnęłam się, aż rozsypały się po podłodze i skurczyły z szybkością, z jaką znika światło jaźni albo światło dnia. W tej samej chwili ktoś bardzo potężny, ogromnie stanowczy stanął w drzwiach. Wyglądał jak przybysz pozaziemski. Wniósł też odpowiednio uroczysty, paraliżujący nastrój i teraz mogłam już mieć pewność, że wszystko, co musi się zdarzyć, rozegra się bez wątpienia, chcę tego, czy nie. Nie musi to mieścić się w rzeczywistości. Może się nie mieścić. Ale niczego nie uniknę.

CZEKANIE NA CZAS

W nocy, z dużego rulonu, rozwija się czas. Tak, jakby to był ten wielki dywan, który tutaj leży. Rozwija się na cześć jakiegoś ogromnego ducha, gdyby zechciał zstąpić. Odlicza się: sześć, pięć, cztery, trzy, dwa, jeden,

SHAMAN-GENERALISSIMUS

I'm walking on the edge of the sidewalk and looking around at yesterday's lawless landscape. I see a pawnshop. It reminded me of years ago, when I was cycling the narrow streets on a tandem bike, and so I lost sight of the road, maybe even momentarily lost my sight. Something rattled in the wheels, and the bike crashed into the stone steps of the pawnshop, or maybe it was an antique store. Moldy manuscripts in the shop window: I stepped inside. Time reproduced in ancient script that looked astonishingly alive. A lot of beauty in those letters. *A whole lot of nonsense, isn't it?* I said to a person dressed like a Siberian shaman-generalissimus who, smiling indifferently, was pulling something out of a shabby velvet box. Was he buying back some relic at a hiked-up price, something connected to some storm at sea? Some invention? A wedding? Long ago, he'd brought them here in a moment of absent-mindedness, or maybe mortal danger. They were nondescript, metallic treasures, their shapes slightly altered in geometry or time, which likely meant they had more power. They lay on top of a terrifying picture of a shaman dressed in medals. Next to that lay a small bouquet of dried flowers. Violets, and they seemed like they were regaining their freshness, so I stretched out my hand—because the generalissimus leaned toward me, mumbling, like he was about to grant a wish, as though he was going to give me the violets. Or maybe he was only showing them off, recognizing them from some memory I didn't know. I drew back and the violets scattered over the floor and shrunk with the speed of the light of the ego or the day extinguishing. At that moment, someone very large and resolute appeared in the doorway. He looked like a stranger from a different planet. He brought an appropriately solemn, paralyzing atmosphere in with him, and now I was certain that everything that had to happen would, whether I wanted it to or not. It didn't have to take place in reality. It might not fit there. But I'm not escaping anything.

WAITING FOR TIME

At night, time unravels from a long roll. As though it were this big rug lying here. It unravels to welcome some massive ghost, in case he ever wanted to descend. There's a countdown: six, five, four, three, two, one,

potem długo nic, potem stan wojenny, potem inne przemiany—tak jak tutaj po wyniesieniu mebli—a potem pustka i czekanie. Na próżno! Wreszcie F krzywo, na ukos, zawiesza na ścianie swój obraz, który od czasu do czasu staje się świetlną gazetą *Time*. Wiadomości z całego świata pojawiają się w niej błyskawicznie i niespodziewanie, w tej samej chwili, w której powstały jako myśli. Błyszczą jaskrawo i uważa się, że ma to coś wspólnego z pięknem, a piękno przynosi ulgę i uzdrawia—dlatego też na nic nie czekam, tylko kupuję zdrowy, okrągły, ekologiczny chleb. Młoda sprzedawczyni obiecuje mi nieskończoną ilość jego zastosowań, jedno wymienia: można go zjeść. Chyba tracę zmysł jawy, bo tym razem zupełnie tego nie potrafię.

Czas, na podstawie własnej natury i sam z siebie płynie równomiernie bez żadnej relacji do czegokolwiek na zewnątrz. Mówi Newton. Chciałabym, aby cały ten niewyobrażany czas był obecny przez cały czas, a tak nie jest. Pewien człowiek żyje w czasie teraźniejszym wyłącznie dzięki poprzedzającej ten czas operacji mózgu. Jeśli wyjdzie z pokoju, natychmiast zapomina, że tam kiedykolwiek wschodził. Można z nim wciąż prowadzić tę samą rozmowę. Wytwarza przy tym myśli normalne, żadna nie jest zagrożeniem dla rzeczywistości. Co ciekawe, ogarnięty wieczną teraźniejszością, nie czuje bólu. Przypiekany, nie wyrywa ręki. Nie odczuwa głodu, nie czuje się też najedzony. Nie zasypia i nie budzi się. To oczywiście nieprawda, ale on o tym nie wie. Nie żyje, ale i nie umiera.

Czekam. Ciemną nocą czekam z czarnym kotem na jeszcze trochę czasu. Pomoc kota w czekaniu jest właściwie męczarnią, bo im bardziej go głaszczę, tym bardziej staje się niewidzialny. Gdy przychodzi F, w wielkim skupieniu siadamy naprzeciw siebie i nic nie mówimy. Wokół, w rzeczywistości, też nikt nie ma nic do powiedzenia na wiadomość o Anicie, że umiera. To prawda, i robi się w końcu widno, i przez okno widzę ogromną gęstą, srebrnobłyszczą wodę, jak pochłania świat. Mówi się, że to zalew, że zalewa nas nieświadomość, że to koszmar, że morze wtargnęło i że Bóg tak chciał.

then for a long time nothing, then martial law, then other changes—just like when we moved out the furniture—and then emptiness, and waiting. It's useless! Finally, F hangs his painting on the wall, crookedly, at a slant, and from time to time it changes into a luminous issue of *Time*. Dispatches from around the world appear in it like flashes of lightning, the moment they appear as thoughts. They gleam and glow, and I think this has something to do with beauty, and beauty is calming and healing—which is why I don't wait, I just buy a loaf of healthy, organic bread. The young saleswoman lists its endless uses, one of which is you can eat it. I'm probably losing my sense of the waking world, because I can't even manage that.

Time, of itself, and from its own nature, flows equably without relation to anything external, says Newton. I'd like for all this unimaginable time to exist always, but that's not the way it works. There's a man who lives in the present only thanks to brain surgery that happened in the past. If he leaves a room, he immediately forgets that he ever came in. You can have the same conversation with him a thousand times. He has normal thoughts, none that threaten reality. Interestingly, he's so wrapped up in the eternal present that he doesn't feel pain. If fire burns him, he doesn't withdraw his hand. He feels no hunger, and he never feels full. He doesn't fall asleep or waken. In reality he does, of course, he just doesn't know it. He doesn't live, but he doesn't die, either.

I wait. In the black night, with a black cat, I wait for a little more time. The cat doesn't help at all; the more I pet him, the more he disappears. When F arrives, we sit across from each other, concentrating deeply and not saying anything. Around us, in reality, nobody comments on the news about Anita, that she's dying. It's the truth, and at last the sky begins to lighten, and through the window I see a mass of dense, shimmering silver water, I watch how it engulfs the world. We say that it's a flood, that unconsciousness floods us, that it's a nightmare, that the ocean overflowed, that this is the work of God.

ZNOWU PAN BÓG

Odtąd jestem w czarnej sukience, jak mnie Pan Bóg stworzył. Wahadłowe drzwi same się otwierają i zamykają. Tam i z powrotem, tam i z powrotem. Jeszcze nie czas. Dawno, dawno temu Pan Bóg kazał mi mówić sobie po imieniu, poprawiał mnie, bo uporczywie się myliłam. Usiedliśmy obok siebie, przeciągnął się. Uczył mnie, jak głęboko, prawdziwie oddychać. Powietrze było świeże, pełne barw. Ale we mnie się niepoprawnie przekształcało! O, Boże, żaliłam się! Równocześnie lewą ręką wytrząsałam z portmonetki cały bilon, rozmieniałam mu pieniądze, bo mnie o to prosił.

Teraz muszę nauczyć się pocierać kamieniem o kamień, krzesać ogień. Więcej mówić do zwierząt. Przed zimą wyścielić jamę uschniętymi liśćmi. Jeść twarde rośliny o prostych, brązowych łodygach. Odgadnąć, co należy robić, a potem przepędzić zewsząd wszystkie myśli. Jeśli się uda, wydobyć duszę z ciała. Obchodzić się z nią ostrożnie, bo w tej elementarnej czynności jest jednak coś niebezpiecznego. Albo zapomnieć o przeszłych życiach i od razu udać się w następne, znów uczyć się chodzić, czytać, pisać. Czesanie włosów i przybieranie rysów twarzy też będzie dozwolone. Będą istnieć pewne zasady, będę im wybaczać, będę się im sprzeciwiać. Aż usłyszę głos, który każe mi mówić sobie po imieniu. Będzie mnie poprawiał, gdybym uporczywie się myliła.

LECZENIE UMYSŁU

Wyściełam sobie jamę tą zrolowaną wykładziną dywanową, która rozwija się jak czas. Z hukiem obsuwają się przy tym półki starego regału i uderza mnie w głowę książka *Leczenie umysłu*—najwidoczniej mój umysł nie zawsze musi funkcjonować w oparciu o własny rozum, wchłaniam zakurzone, homeopatyczne dawki cudzych myśli. Chcą, abym podporządkowała się rzeczywistości. Mówią, że *wyobrażeniowość* i *rzeczywistość* nie mogą ze sobą współistnieć. Że to, co wyobrażeniowe, jest niemożliwe, jest zbyt błyszczące i bogate—czego nie potwierdzam, chyba że wtedy, gdy pokazuje się w obwiedzeniu aureolą. W wyobrażeniowość ucieka się za wzglęu na formę rzeczywistości, nie jej treść—ze względu na samą jej obecność, mówi Sartre. Ta ucieczka jest obroną konieczną,

GOD AGAIN

From now on, I wear a black dress, the way God made me. The swinging door opens and closes on its own. Back and forth, back and forth. It isn't time yet. Long, long ago, God commanded me to call myself by my name, and kept correcting me because I kept making mistakes. We sat side by side; he stretched. He was teaching me how to breathe deeply and sincerely. The air was fresh and full of color. But inside me, it rearranged itself all wrong! Oh, God! I complained. I used my left hand to shake out a billion coins from my purse. He'd asked me to change him some money, so I did.

Now I have to learn how to rub one stone against another, to make fire. To talk to animals more often. Line my den with dried leaves before the winter. Eat tough plants with plain, brown stems. Decide what must be done, and then chase all thoughts away. Extract the soul from the body, if I can. Handle it carefully, because the procedure is dangerous, though simple. Or I can forget about past lives and head toward the next one immediately, learning to walk all over again, learning to read, to write. I'll be allowed to brush my hair and take on the contours of a face. I'll have to follow certain rules, and I'll forgive them, I'll oppose them, until I hear a voice that commands me to call myself by my name. It'll correct me when I keep making mistakes.

HEALING THE MIND

I line my den with the carpet that unwinds like time. The shelves of the old bookcase move apart with a rumble, and a book called *Healing the Mind* hits me on the head—apparently my mind doesn't always have to rely only on its reason. I absorb dusty, homeopathic doses of other people's thoughts. They want me to submit to reality. They say that *imagination and reality* cannot coexist. That what's imaginable is impossible, it's too bright and opulent—which isn't true, in my experience, save for anything gilded with a halo. We escape into to the imagination fleeing from the form of reality, not its contents—from its mere existence, says Sartre. We flee in self-defense, but we know it's useless. Because everything enters into existence through something else, shines through the something

choć oczywiście niemożliwą. Bo jedno wchodzi do życia przez drugie, prześwieca przez drugie i nie przestaje być sobą nawet wtedy, gdy staje się drugim całkowicie.

A więc wielki szaman o wyostrzonych rysach wkłada biały pióropusz i chwyta oburącz świętą grzechotkę z tykwy. Leczy umysły krwią jaszczurki, sproszkowaną mumią, spermą żaby, morszczynem, nawozem krokodyla. Podobnie przywraca utracone dusze. Przeciw psychozie używa wyciągu z kaktusa. Wróży, hipnotyzuje, przestrasza. Złe duchy wypędza ze świata w zaświaty, choć dla wypędzania kogokolwiek nie mam wielkiego zrozumienia. W końcu, tak jak to jest opisane w książce, wchodzimy do rzeki z trzema gołębiami. Stojąc pośrodku nurtu, w sposób rytualny zabijamy je po kolei przy zaklęciach. Martwe ptaki zabiera rzeka. *Tak jak woda nie wróci w to samo miejsce, tak twoja choroba już nie wróci,* mówi szaman. Z węzełka wyjmuje chrząszcza, kość, kwarc. Kwarc jest kamieniem świętym, widać to pod światło.

STAN KWANTOWY

Jeśli chodzi o ten dziwny stan, jest to stan kwantowy, mówi telewizor. Uważa się, że to raczej matematyczna abstrakcja niż prawdziwa rzeczywistość. W świecie kwantowym obowiązują prawdopodobieństwa, a nie konkretne dane. Elektron potrafi być w jednej chwili w dwóch miejscach, może przeskoczyć z jednego w drugie, nie przebywając wcale drogi między nimi. W jednym i tym samym czasie potrafi przejść przez dwie różne pary drzwi. Co zrobi dalej, nie można przewidzieć, bo nie kieruje się żadnymi zasadami. Kiedy wiemy, co robi, nie wiadomo, gdzie to robi. A kiedy wiemy gdzie, nie wiemy, co. Droga, którą przebywa, istnieje tylko do czasu, gdy ktoś na nią spojrzy. Znajdujemy się w Krainie Czarów i jest to prawdziwy świat. Nawet ludzka natura jest inna niż się nam wydaje, choć wydaje się tak do złudzenia powszednia i na wskroś wybaczalna, że niczego kwantowego nikt się nie spodziewa w ludzkim doświadczeniu. To oczywiście nieprawda. Einstein był wstrząśnięty. Zanim zapanowała fizyka kwantowa, rzeczywistość była bezpieczniejsza i niepokoiła tylko filozofów. Newton wierzył, że na ogół nie dzieje się nic szczególnego. Teraz nie istnieje już żadna pewność, jest tylko możliwość i Bóg gra z nami w kości. Odbiega to od zdrowego rozsądku, choć i to

else and doesn't stop being itself, even when it becomes something other entirely.

And so the great shaman with a chiseled face puts on a white headdress and picks up a sacred gourd rattle with both his hands. He heals the mind with lizard blood, powdered mummies, frog sperm, brown algae, and crocodile dung. He brings back lost souls in much the same way. To combat psychosis, he uses cactus extract. He prophesies, hypnotizes, and scares away. He exorcises evil spirits out of this world and into the next, though nobody fully understands the concept of exorcism. Finally, just like the book says, we wade into a river holding three doves. Standing in the current, we kill them ritualistically. One at a time, while chanting. The river sweeps the dead birds away. *Just like water never returns to the same place, your illness will never return*, says the shaman. He takes a beetle, a bone, and a piece of quartz out of his bundle. Quartz is a holy stone, transparent in the light.

THE QUANTUM STATE

This strange state, explains the television, is called the quantum state. The quantum state is a mathematical abstraction rather than true reality. In the quantum world, we're bound by probabilities, not by what's concretely given. An electron can be in two places at once, it can leap from one to the other, never travelling the path between them. In one and the same moment, it can exit through two different doors at once. We can't foresee what it'll do next, because laws don't drive its movement. When we know what it's doing, we don't know where. And when we known where, we don't know what. The path it travels exists only until someone looks in its direction. We find ourselves in the Land of Enchantment, and it turns out it's the real world. Even human nature, as deceptively normal as it seems, is different than we think, and it's entirely forgivable that nobody would suspect anything quantum about human existence. This is, of course, untrue. Einstein was unnerved. Reality was a lot safer before quantum physics; it only made philosophers nervous. Newton believed that, in general, nothing extraordinary ever happens. Now nothing's certain, there's only possibility, and God plays dice with us. It clashes with common sense, though we can't be certain, because common sense

nie jest pewne, bo zdrowy rozsądek też okazuje się bardziej niż kiedyś elastyczny. Cząstki elementarne istnieją jak krasnoludki. Niektórzy zaczynają je widywać. Fotografuje się niewidzialną elektryczność, ktoś rzeźbi atomy, rysunki komórek rakowych i galaktyk są bardzo do siebie podobne—a wszystkie galaktyki razem wzięte przypominają kształtem postać ludzką.

KTOŚ UMIERA

Szczegółowe instrukcje do walki z rakiem przy pomocy wyobrażonych wojsk białych ciałek krwi znajdują się w broszurach. Jakby anioły miały się bić, jakbym widziała białe hufce anielskie, jakiś ogromny, natchniony balet udający pole bitwy. Na dłuższą metę nie kojarzy mi się to z wyzdrowieniem, ale z próbą zabijania z wzajemnością, zostaję też ukarana swoją zwykłą obsesją troszczenia się o to, co niechciane, wypędzane, uśmiercane. W co się to przemienia i czym się staje tego nieobecność? Jeśli już raz zostało powołane, któregoś dnia znowu się ukaże i nie wiadomo, jako co. Może tym razem nie będzie się rozgrywać wewnątrz organizmu, a na przykład w ONZ-ecie? I czym był ten rak przedtem, przedtem, przed moim ojcem, przed Anitą? Lub dawniej, w przedludzkich czasach? Albo, gdy był nim jeszcze duch? Ten unoszący się nad pramateriami, nad wodami? Ani oczami, ani uszami, ani sumieniem, ani żadnym nerwem nie potrafię przedstawić sobie zniknięć absolutnych. W ogóle mało co już sobie wyobrażam, a do stanu piekielnego, bezradnego, przywodzi mnie jedna myśl: aby Anita została po prostu ocalona.

W książce Stephena Levine'a *Kto umiera?*—mówi się, że przede wszystkim powinien umrzeć umysł, który wszystko zupełnie inaczej sobie wyobraża. Następnie powinna umrzeć nadzieja, ta straszna rzecz, która sprawia, że wciąż zabijamy to, co najbardziej żywe: czas teraźniejszy. Wszyscy żyjemy w czasie teraźniejszym, a nadzieja odnosi się do przyszłości, gdzie nas nie ma. Ale przecież wiara, nadzieja, miłość w sprzyjających warunkach czynią cuda! I najczęściej nikomu nie chodzi o żelazną logikę istnienia, a właśnie o cud! Nie o to również, że każda chwila jest cudem, a jedna z nich nazywa się śmierć. Nie o to chodzi, bo tego nawet nie można powiedzieć po ludzku. W każdym razie żaden człowiek mnie jeszcze nie zrozumiał.

is more elastic than it used to be. Elementary particles are like elves. Certain people start to see them. Invisible electricity is photographed, someone sculpts atoms, drawings of cancer cells and galaxies start resembling each other—and if you put all the galaxies together, the shape they make is nearly human.

SOMEONE DIES

The brochures suggest imagining armies of white blood cells to help fight cancer, and give detailed instructions on how to do it. Imagine angels marching into combat, imagine watching white battalions of angels in an enormous, inspired ballet simulating a battle. When all is said and done, this doesn't evoke healing to me, but rather an attempt at mutual murder. I'm back to my usual obsession with worrying about what's unwanted, driven out, and killed. What does it turn into, and what does its absence become? If it's been summoned once already, it'll show up again one day, and who knows what it'll be then. Maybe this time it'll show up in the United Nations, for example, instead of in a person. And what was this cancer in the past, before my father, before Anita? Or even earlier, before humans even existed? Or when it was still a spirit? The one rising over the primordial world, over water? I can't imagine complete annihilation—not with my eyes, nor ears, nor conscience, nor nerves. These days, I imagine very few things in general, and a single thought puts me in a helpless, hellish state: that Anita would simply live.

In Stephen Levine's book, *Who Dies?*, he writes that the first thing to die should be the mind, which sees the situation differently. Next to die should be hope, which makes us kill what's most alive: the present. We all live in the present, and hope concerns the future, a place we don't exist. And yet, in certain circumstances, faith, hope, and love can do miracles! And it's miracles people want to talk about, not the iron logic of existence. They're not saying that every moment is a miracle, and that one of those moments happens to be death. That isn't what they mean at all, because what they mean is impossible to express with any human language. At least, no one has understood me when I've tried.

Przez jakieś trzy godziny z czubka głowy zmarłego uchodzi energia życiowa. Czuje się to palcami. Ciekawią mnie ludzie tej księgi, gdy widzę w niej słowo *zachwyt*. Niektórzy pod wpływem śmierci rozkwitają jako świetliste istoty. Inni wpadają w gniew. Targują się. W końcu emocje znikają w na pół już tylko substancjalnej atmosferze, i znowu ta obsesja: jeśli znikają, to gdzie? Jak dochodzi do stanu tak zupełnego rozrzedzenia, aby można było o czymś pomyśleć, że jest niczym? Cała ta książka to nauka porzucania i niepotrzebowania czegokolwiek, nawet tego, aby żyć. Ale ciało nienawidzi tego z całej siły.

I AB OVO

We śnie leczono mnie substancją podobną do symfonii wodnej, o skutkach ubocznych znacznie przekraczających dopuszczalność, a pewna kobieta prowadziła ze spaceru swego ogromnego, czarnego psa, który rzucił się na mnie, choć od pewnego czasu byłam niewidzialna. Pod niebem zanoszącym się na deszcz.

Powiedziała, że siedząc w środku swego luksusowego samochodu może od biedy żyć nawet w Nowym Jorku czy w Paryżu—ach, Paryż! Oświadczenia dla prasy, radia, telewizji! Papież ogłosił to samo w godzinę później, na stojąco i to nie myśląc przy tym o cnotach poszczególnych miejsc, ale o całej Kuli. Zatem już wiedzą wszyscy.

Grzebałam w drewnianych koralikach, szmacianych sznureczkach, kwiaciastych spódnicach—ta zapomniana rzeczywistość ciągle jeszcze gdzieś jest, jak lekarstwo na całkowicie chybioną nicość, którą pod moją nieobecność grubo powleczono świat! A potem zobaczyłam na suficie wielką mandalę zrobioną ze światła lampy—zawsze tam musiała być, ale dopiero teraz, gdy byłam cicho i nic już nie miałam na myśli, pokazała mi wszystkie swoje odśrodkowe promienistości i ażury.

I koniec końców tak właśnie jak się spodziewałam, pieszo, odmieniono świat. Wciąż przechodziło się z jednej w drugie, z drugiego w trzecie, a z góry w Parku Szczęśliwickim zdarto skórę, całą darń. To samo stało się z cywilizacją, zmieniła się w teatr, w którym odtąd wszystko

For three hours or so, life energy escapes from the crown of the deceased's head. You can feel it with your fingers. I'm most interested in the people this book mentions when I come across the word, *rapture*. Under the influence of death, some people flower into luminous beings. Others get angry. They bargain. In the end, emotions disappear into an atmosphere that's already losing its solidity, and again I'm back to this obsession: if they disappear, where do they go? How does something become so diluted that we can think of it as nothing? This whole book is instructions on abandonment and needing nothing, not even living. And the body hates this with very fiber of its being.

AND AB OVO

I got sick in a dream, and was treated with something like a water symphony. The side effects were unacceptable. I saw a woman taking her enormous, black dog home from a walk. The dog threw itself on me, though I'd been invisible for a while. Overhead, the sky looked like it was about to rain.

She said that so long as she had her luxury car, she could make do in even New York or Paris—ah, Paris! Alert the press, the radio, the television! The Pope stood up and made the same announcement an hour later, not thinking of the virtues of specific places, but of the entire globe. So now the world knows.

I was rummaging through wooden beads, ragged string, flowered skirts—that forgotten reality still exists somewhere, like medicine for an unproductive nothingness which, in my absence, had covered the earth completely! And then, on the ceiling, I noticed a large mandala made by the light of a lamp—it must have always been there, but only now, when I was quiet and had nothing on my mind, did it reveal its patterns and radiating rays.

And finally, it was just as I'd expected, the world changed on foot. Still we strolled from one world to a second, from the second to a third, and a hill in Park Szczęśliwicki had its skin torn off, the whole turf. The same thing happened with all of civilization; it became a theater where,

niepostrzeżenie dzieje się naprawdę. Już teraz na środek sceny wychodzi biała kura i składa tam wielkie jajo—właściwie, dlaczego nie? Dlatego, aby wszystko dopiero się na nowo zaczynało, choćby świat strasznie się tego bał.

STANY ŚWIADOMOŚCI

Gurdżijew, przebiegły znawca wyższych stanów ducha, wyróżnia cztery stany świadomości: sen, czyli stan bierny; świadomość na jawie lub stan czynny—zwykły nasz stan codzienny; świadomość siebie zwaną *pamiętaniem siebie*; oraz świadomość obiektywną, która znaczy to samo, co oświecenie, czyli widzenia rzeczy takimi, jakie są—jak się to powszechnie, beznamiętnie definiuje.

Pamiętanie siebie nie jest tym, co się nam wydaje, jest to stan rzadki, wymagający trenowania. Nie możemy wywołać go aktem woli. Dopiero gdy pamiętamy siebie, budzimy się, aby spostrzec, że żyjemy we śnie. Musimy obudzić się do śnienia.

Przebudzenia się jest konieczne, bo dopiero wtedy korzystamy w wszystkich posiadanych mocy. Aby się obudzić, musimy poznać siebie, czyli siebie podzielić, składamy się bowiem co najmniej z dwóch osób. Jedna nazywa się "ja", druga to prawdziwa ona. Reszta nazywałaby się jak która chce. Z każdą można, choć z żadną nie należy się utożsamiać.

ODJAZDOWE KANAPY

Nie mogę uwierzyć, abym napisała w liście, że *kontakt z nią jest dla mnie niewskazany*. Niemożliwe, abym tak napisała, nie użyłabym takich słów. Ale możliwe, że kontakt ten jest naprawdę niewskazany i ona lepiej się w tym orientuje niż ja. Smutek, smutek, smutek. Nie utożsamiać się? W jakim stopniu ona to ja? Smutek i coś w rodzaju śmierci, ale z przebłyskami.

W nocy jesteśmy z F w Zakopanem i ktoś źle o nas mówi, a przynajmniej

imperceptibly, everything happens for real. Right now, a white chicken is taking center stage and laying a huge egg—why not? Now everything would begin anew, even if the world was terribly scared.

STATES OF CONSCIOUSNESS

Gurdjieff, that sly expert on every state of the spirit, says there are four states of consciousness: sleep, or the passive state; the waking state, also known as the active state—which is our regular, everyday state; self-awareness, which is also referred to as *self-remembering*; and objective consciousness, which means enlightenment, which is to say seeing things as they really are—as they eternally, objectively exist.

Self-remembering isn't what we think it is; it's a rare state we need to be trained to understand. We can't simply induce it by an act of will. Only when we remember ourselves do we wake up and see that we live in a dream. We awaken to dreaming.

Only when we wake up can we make use of all our strengths. But before we can wake up, we have to get to know ourselves, which is to say to divide ourselves, since everyone consists of at least two people. One calls itself "I," and the second is the real "I." The rest call themselves whatever they like. It's possible to identify with all of them, but inadvisable to identify with any.

TRAVELING COUCHES

I can't imagine writing *it's unwise for me to have any contact with her* in a letter. I couldn't possibly have written that; I wouldn't use those words. But it may be true that contacting her would be unwise, and that she knows this better than I do. Sadness, sadness, sadness. I shouldn't identify with her? To what degree is she me? Sadness and something like death, but with flashes of light shining through.

That evening, F and I are in in Zakopane, and someone's saying something

myśli. Przychodzi to mówić—a przynajmniej myśleć—do naszego domu. Mówię, a przynajmniej myślę, aby wyszedł i nigdy nie wracał z tym, co dla nas ma. Boimy się, bo—razem z tym, co ma—wynosi się mściwie. Zatem wyjeżdżamy. Zamawiamy specjalne odjazdowe kanapy, których autorem był Salvador Dali. Zaparkowane w szczerym, śnieżnym polu wyglądają naprawdę ekstatycznie na swoich absurdalnie wycyzelowanych nóżkach. Każda inna, a wszystkie czerwone. Miękkie, z wygodami. Zbiorowe albo pojedyncze. Ponumerowane, choć bez kolejności. Naszych miejsc nie ma i nie ma co nawet sobie tego wypominać. Zajęli je ci, którzy nigdy nie patrzą, co robią i nie myślą, co mówią, nie wiedzą, co czynią i rozsiadają się gdziekolwiek z chichotami.

UROCZYSTOŚĆ

Miała się odbyć kościelna uroczystość, której skutki wyhaftowano zawczasu złotem na czerwonej, wotywnej poduszeczce. Wyraźnie tam wypisano, co ma z tego wyniknąć, chociaż nie wynikło. Ktoś nie przyszedł, nie zstąpił, przestraszył się, nie pamiętał? Zawiodła medycyna, cudowtórstwo, sposoby, daty, nerwy, astrologia? Nie każdemu dane jest pełne zrozumienie, czasem musi mi wystarczyć tylko pół. Niewiele też widzę na małych, świętych obrazeczkach porozkładanych tu i tam—oprócz pozaginanych brzegów, dziwnych szat, imion, fryzur, nic ciekawego tam właściwie nie ma. Chyba, że przez chwilę? Tę jedną chwilę, ale jak bezbłędną! Pełną wrażenia, że coś, na co ktokolwiek tutaj czeka—nas też nagląco szuka wzrokiem. I będzie wypatrzony ten, kto wypatruje!

Wrażenia to urasta jak drzewo. Powoli rozgałęzia się w bladozielony cień: jeszcze bezlistną, ale już nadzieję. Im dłużej patrzę, tym bardziej cień ciemnieje w postać, która z otchłani dziupli przypatruje się nam przez zaokrąglone palce jakby przez lunetę. Z najwyższą uwagą wpatruję się w to przypatrywanie się, może rozpoznam wzrok. Niczego nie kwestionuję, niewiele też fantazjuję. Wraz ze wszystkimi odmawiam modlitwę.

Gdy mówimy: *i nie wódź nas na pokuszenie*—czy to się na pewno odnosi do Boga?—w sąsiedniej, ciemnej nawie toczy się coś okrągło po kamieniach. Z następującej potem ciszy wychodzi kobieta. Nie wiem, czy

bad about us, or at least thinking it. This someone comes to our house to say it—or at least to think it. I say, or at least I think, that he should leave and never return with whatever it is he has for us. We're frightened because he leaves—along with whatever he has—vindictively. Then we leave too. We order special traveling couches made by Salvador Dali. Parked in a snowy field in the middle of nowhere, they look marvelous on their absurdly polished little legs. Each one is different, but all of them are red. Soft and comfortable. Aggregate but individual. Numbered but not sequenced. We don't have our seats, but it's useless to complain. They were taken by those who never look, who do and don't think, who say, we don't know what we do and, chuckling, take their seats wherever.

CELEBRATION

There was supposed to be a church celebration, and what was supposed to happen after was embroidered in gold thread on a small, red votive pillow. We knew what was supposed to happen, but nothing did. Somebody didn't arrive, didn't descend, got frightened, perhaps forgot? Did medicine, a miracle, methods, dates, nerves, or astrology fail? Not everyone is lucky enough to have complete insight, sometimes I have to make do with only half. I don't see much in the small, sacred images scattered here and there, either—other than the folded edges, the strange garments, names, and hairstyles, there's nothing very interesting about them. Except maybe for a moment? It just lasts a moment, but it's unmistakable! The impression that something, whatever we're waiting for—is urgently searching for us too. And that the one who searches will be seen!

Impressions grow like trees. Slowly, they branch into a light green shade: still leafless, but there's hope already. As I watch, the shade darkens into a figure that watches us from the depths of a hollow, through fingers curled like binoculars. With utmost concentration, I stare at it watching me; maybe I'll recognize its gaze. There's nothing that I question, and I don't imagine much. I say a prayer along with everyone else.

When we say: *and lead us not into temptation*—does this really pertain to God?—in the dark, adjacent nave, something is rolling over the stone in

to przypadkowa sobowtórka, czy zjawa, która ją tylko zastępuje, Anity nie widziałam od lat. Czy użyła tylko jej kształtu, czy także szminki do ust? Wprawdzie nie widzę ni kształtu, ni ust, ona chyba nie ma już na to zmysłu ani sił, ale jest w niej coś tak osobistego i tak ogólnego, tak nieustannego i tak przemijającego jak w Kobiecie z Wroną, która czasami mieszka w drzewie. Przechodzi, pochyla nas wszystkich i znika.

DUCHOWOŚĆ

Na początku bardzo dużo konsternacji, tak jak zawsze w jawie: na pytania o duszę trudno odpowiadać ściśle, niektóre historie lepiej przemilczać, obstawać przy jednym, drugiego po sobie nie pokazywać i mieć świadomość, świadomość, świadomość nade wszystko. Coś trzeba zrobić, aby to nie było takie straszne. W tej duchowości musi być coś niewłaściwego—tak jest ukryta, zamknięta, ścieśniona, że nie można jej na dobrą sprawę wykryć, a co dopiero pokazywać. Wszyscy, którzy mają z tym coś wspólnego, porzucają nadzieję i niepokoi mnie to, ale na szczęście nieposkromiony duch nowoczesnej psychologii zakrada się w końcu do miksera! Natychmiast wpada w wir. Unosi się i wydaje dźwięk! Ten dźwięk, samo jądro nauki o duszy, płoszy zwłaszcza mężczyzn w czarnych swetrach. Jeden z nich przykłada błagalnie dłonie do pojemnika z duchem, lecz nic absolutnie z tego nie wynika. Podchodzę więc i czynię to samo. Kładę ręce. Kolejno. Jedną. Potem drugą. I, nim ktoś w to naprawdę uwierzy, w ducha wstępuje jakby nowy duch. Momentalnie urasta! Przebija wierzch, sufit, dach, górne warstwy chmur. Gdy ruchem wirowym zaczyna obracać się całe niebo, wszyscy w skupieniu wstrzymują oddechy.

Ale popatrz. Wiry te powstają tylko tam, gdzie brzegi i dno są nierówne. Wobec nagłej zmiany kierunku poszczególnych strug, mają tendencję do zakręcania. Podobnie jest z trąbami powietrznymi, mówi F. W mikserze łopatki dodatkowo to popychają. Ponadto ciało obracające się, jeśli to można nazwać ciałem, wobec zawężenia jego objętości w pojemniku, kręci się coraz szybciej. Gdy cząsteczki zastaną już maksymalnie rozpędzone, lej staje się coraz cieńszy, wydłuża się—w końcu pęknie.

Może też wyparować. Na razie się kręci. Nic nie porusza się ruchem

circles. Silence follows, and then a woman appears. I don't know whether it's a coincidental lookalike or an apparition who's only standing in for her; I haven't seen Anita in years. Did she only use her shape, or did she use her lipstick too? In truth, that isn't the shape or lips I see, she probably lost the aptitude or strength for them, but there's something so personal and general about her, so sustained and transitory, like the Woman with a Crow, who sometimes lives in a tree. She walks past us, she nearly knocks us over, and then she disappears.

SPIRITUALITY

There's a great deal of dread at first, nothing new for the waking world: it's difficult to answer questions on the soul succinctly, it's better to pass over certain stories, to insist on one, ignore the other, and to be aware, aware of everything. Something must be done to make it all less frightening. Something must be wrong with this spirituality—it's so hidden, closed, constricted, you really can't uncover it, much less reveal it. Everyone associated with it abandons all hope and this unsettles me, but luckily, finally, the steadfast spirit of modern psychology slinks into the mix! It drops into the vortex. Then it rises up and emits a sound! This sound, this kernel of knowledge about the spirit, is disconcerting to everyone, but particularly to men who wear black sweaters. One of them lays his hands beseechingly on the vessel that holds the spirit, but nothing happens. So I step up and do the same thing. I set down my hands. One after another. One. And then the other. And before anyone has time to believe it, a new spirit seems to enter the spirit. It expands for a moment! Bursts through the top, the ceiling, the roof, the upper layers of the clouds. When the whole sky starts spinning like a vortex, everyone holds their breath.

But look. These vortices only arise where the shore and the depths are uneven. They tend to start turning when the individual streams change direction. F says that a similar thing happens with tornadoes. And in a mixer, the blades propel them forward. The rotating body, if we can still call it a body now that it's shrunk in the container, is spinning ever faster. When the pieces are thoroughly dispersed, the funnel starts getting heavier and heavier, it starts to lengthen—in the end, it'll burst.

Or else it could evaporate. For now, it only spins. Nothing starts moving like a vortex all on its own, even galaxies, heavenly bodies, must have

wirowym samo z siebie, galaktyki, ciała niebieskie też musiały zostać chociaż raz popchnięte. Także Ziemia. Pomyśl również o zwierzętach. Wirusy z jakiegoś powodu tak się obracają. I szamani. I, ściśle rzecz biorąc, duchy nie są przestrzenne, a jednak wydają się czasem skołowane. Weźmy ducha na granicy materializacji, który prawdopodobnie ma coś wspólnego z psychologią albo mgłą. Taki duch ma robić, co chce, wirować czy kołować ludzkie umysły, czy zawracać w głowach—i niech nikt nie ośmiela się mu przeszkodzić!

NIE MOGĘ SIĘ POWSTRZYMAĆ

Skąd mogę wiedzieć, że umiłowanie życia nie jest złudzeniem? (...) Ci, którzy śnią o nocnym bankiecie, mogą rano lamentować i płakać. Ci, którzy śnią o lamentowaniu i płaczu, mogą rano wyruszyć na radosne łowy. Kiedy śnią, nie wiedzą, że śnią. W swych snach mogą nawet tłumaczyć swoje sny. Dopiero wtedy, gdy się obudzą, dowiadują się, że śnili. Stopniowo następuje wielkie przebudzenie, a wówczas odrywamy, że życie jest wielkim snem. (...) Zarówno Konfucjusz, jak i ty jesteście w tym samym śnie. Kiedy powiem, że ty jesteś we śnie, oznacza to, że również ja jestem we śnie. Mówi Czuang-tsy, który był motylem, który fruwał.

Po przebudzeniu odkrywam w życiu prawa snu jak podstawową regułę przetrwania. Niepodważalnym prawem snu jest bezustanna przemienność jednego w drugie, niezależność niczego od raz przybranego kształtu. Drugim niezwykle ważnym prawem snu jest to, że zawsze czeka on na chwilę, gdy każdy zostaje sam. Trzecim prawem snu jest jego działanie w imię ducha, tropienie ducha, poruszanie się po śladach ducha, po tajemnych śladach. Po czwarte, sen jest swoją własną wykładnią, jak powiada Talmud, w takim razie doskonale obejdzie się bez interpretacji i pozostałych praw—ale czasem nie mogę się powstrzymać, zwłaszcza gdy Księżyc, planety i noc ni z tego, ni z owego zapraszają do koszmaru.

HISTORIA MUZEALNA

W środku snu pokazują mi zdjęcie wyglądające jak martwe. Ktoś ukwiecony czarno-białymi kwiatami w pąkach leży tam z twarzą

been pushed at some point. The Earth included. And think about the animals. Viruses have their reasons for rotating. Shamans too. And, strictly speaking, spirits aren't solid, but sometimes even they seem dizzy. Let's take a spirit on the brink of materializing, for example, a state which likely has something to do with psychology or fog. We should let this spirit do what it wants, whirl around or make our heads reel, or be a pain in the neck—let's not interfere!

I CAN'T HELP MYSELF

How do I know that enjoying life is not a delusion? (...) One who dreams of drinking wine may in the morning weep; one who dreams weeping may in the morning go out to hunt. During our dreams we do not know we are dreaming. We may even dream of interpreting a dream. Only on waking do we know it was a dream. Only after the great awakening will we realize that this is the great dream. (...) You and Confucius are both dreaming, and I who say you are a dream am also a dream. So says Chuang Tzu, who was a butterfly, who flew.

After my awakening, I discover that the basic rules of survival are the principles of dreaming. The first incontrovertible principle of dreaming is that everything is continuously transforming into something else, everything is independent from any shape it's ever taken. The second principle, an unusually important one, is that dreams always wait until we're alone. The third principle is that dreams work in the name of the spirit, tracking the spirit, following the traces of the spirit, its secret tracks. Fourth, as the Talmud teaches, a dream is its own interpretation, and so it doesn't need analysis or any other principles—but sometimes I can't help myself, especially if I'm invited to a nightmare by the moon, the night, the planets.

A MUSEUM STORY

In a dream, I'm shown a photograph that looks dead. A man decorated with black and white flowers lies with his face turned to the wall, and

zwróconą do ściany i patrzy przez drobno zakratowane okno na muzeum, w którym oglądane jest to wszystko z drugiej strony, jako wręcz przeciwne. Czy nic lepszego nie mamy już do roboty, tylko widzieć to z taką czarno-białą wzajemnością? Piszę list. Potwierdzam, że *kontakt ze mną jest niewskazany*, choć może jest wręcz przeciwnie, a następnie, z pożegnanym żalem, się odwracam.

Muszę się odwrócić, muszę się dowiedzieć, muszę być jak martwa! Staje ktoś w progu i na próżno mówi do mnie. Poddaję się sile bezwolności, kolejnemu prawu snu. Jest w tym coś ofiarnego, wręcz chrystusowego lub szekspirowskiego—ale zanim udaje mi się zrozumieć do końca, co to może być, wiatr jednym szarpnięciem zatrzaskuje mnie w sobie całkowicie. Odmawiam więc próżnych gadanin. Nie tłumaczę się i nie przebaczam. Umieram dla całej tej nużącej przestrzeni za plecami. W zamian zyskuję przestrzeń całkiem inną.

Uświadamiam sobie, że to muzeum czynne jest cały czas. W izbach pamięci stoją przedmioty sztuki ludzkiej. Ubiory, naczynia, talizmany. Obrotowe posążki mężczyzn, kobiety uginające się. Fanatyczne dzbanuszki, lejące na ziemię wodę życia. Kopie kwitnących drzew, razem z ptakami. Figurki ludzkie w staromiłosnych pozach, miłosna broń, maskotki minut miłosnych tuż po zgaśnięciu. W pomieszczeniach coraz mniejszych, one są również coraz mniejsze. Nurtuje mnie to. Czy zachodzi tutaj jakieś rzutowanie, czy zmierzamy do niewidzialności?

Chyby tak, ale tym razem jest to déjà vu i nic nie pomoże rozglądanie się za wyjściem.

SEN ZBYT REALNY

Umarł ktoś z bólu. Tak mi się śni. Wszyscy byli ogromnie wyrozumiali, naprawdę cierpliwi, ale nie wiedział, czy dla niego, czy dla bólu? Niebo to przestrzeń wypełniona bezmiarami, dlaczego więc smaga nas stamtąd gołym blaskiem? Nie chce się wierzyć, że ból istnienia znika tylko wraz z istnieniem, ale tak właśnie jest. Do nikogo, kto nie istnieje, zupełnie to nie dociera. Powiedzieć tyle, to nie powiedzieć nic i choć obrona jest konieczna, jest też niemożliwa—z powodu presji odczuwania. Z powodu

looks through a barred window at a museum, where people watch him from the other side, seeing the exact reverse. Haven't we anything better to do than look with such a black-and-white reciprocity? I make a list. I figure that *it's unwise to have any contact with me*, though maybe the opposite is true. And then, with the grief of a goodbye, I turn my back.

I need to turn my back, I need to learn, I need to be like the dead! Someone's standing on the threshold and trying to talk to me, but can't. I give myself up to inertia, another principle of dreaming. There's something sacrificial, even Christ-like or Shakespearean about it—but before I'm able to understand it fully, to comprehend what this may be, the wind, with a single tug, shuts me inside myself completely. And so I babble idly. I don't explain myself, and I don't forgive. I die for all that wearying space behind me. In exchange, I'm given a place that's completely different.

I see that this museum is always open. The chambers of memory are full of human artifacts. Clothes, dishes, talismans. Revolving statuettes of men, bending women. Fantastic little jugs that pour the water of life on the earth. Copies of trees complete with blossoms and birds. Figurines in archaic, amorous poses, a weapon of love, talismans of romance right before the end. As the rooms get smaller, so do the objects. This upsets me. Is this some kind of projection? Are we bound for invisibility?

We probably are, but it's déjà vu this time, and looking for a way out won't help.

A RATHER REALISTIC DREAM

Someone died from pain. This is what I dream. Everyone was incredibly understanding, very patient, but the man wondered: for him, or for the pain? Heaven is space filled with vast expanses; why then does it whip us away with naked light? It's hard to believe that the pain of existing disappears only with existence, but that's the way it is. People who don't exist don't understand. This doesn't tell us anything, and though we must put up our defenses, it's also impossible—because of the weight of feeling.

głębi odczuwania. I napisano na pozostawionym, oderwanym skrawku: *dźwięki milczenia są nie do zniesienia*. A z drugiej strony—coś innego.

Święta Tereska miała nadzieję, że Bóg wchłonie ją niepostrzeżenie jak *kropelkę rosy*, ale nic z tej nadziei nie wynikło. Na trzy miesiące przed śmiercią otrzymała pozwolenia, aby nie milczeć dłużej, że umiera. W żółtym zeszycie pisała o tym, co podczas jej śmierci robią ludzie i Bóg: ludzie z dobrego serca przeczyli temu, co czuła, a Bóg na to pozwalał. *Nikt nie uważa mnie za tak chorą (…) ale tym lepiej, że nikt się już mną nie przejmuje (…) Jestem przekonana, że to nie Najświętsza Panna robi ze mną żarty (…). Widzę, że nie wierzą w moją chorobę, ale to przecież Pan Bóg pozwala*—na ten sen zbyt realny i na ból.

Niczego nie mogła doprosić się także od świętych. Święty Antoni nie pomógł jej odnaleźć chusteczki. Sam Bóg nie miał pojęcia, jak z nią postępować. Nazywała go Złodziejem, bo ukradł jej życie. Chciała umrzeć z miłości do niego i nie uważała za straszne tego, co jej zsyłał. Mówiła: *tak, mój Boże, tak, chcę wszystkiego*. Niczego nie żałowała. Słowa Hioba: *choćby mnie zabił, w Nim ufać będę*, wprawiały ją w zachwyt od dzieciństwa.

TO MRZONKI

Że umiera się uroczyście i samemu dobiera się sobie towarzystwo i że nikt nie pogania.

Że można uniknąć śmierci, świadomie wnosząc ją do życia.

Że co do racji, to są podzielone.

Że po to, aby żyć pełnią czyli śmiercią, nie wolno niczego wyrzucać do śmietnika.

Że robię dokładnie to, co jest do zrobienia.

Because of its depth. Written on the torn-off scrap of paper that was left behind are the words: *the sound of noise that isn't there is too much to bear*. And on the other side—there's something different.

St. Teresa had hoped that God would absorb her like a *drop of drew,* but nothing came of her hope. Three months before her death, she received permission to stop pretending she wasn't dying. She wrote about it in a yellow notebook, wrote about what people and God were doing while she was dying: people, out of the goodness of their hearts, denied what she felt, while God let it happen. *Nobody considers me very ill (…) but it's better that nobody bothers much about me anymore (…) I'm convinced that it's not Our Lady who's making a fool of me (…) I see that they don't believe in my illness, but God, after all, allows it*—allows this rather realistic dream, and this pain.

She couldn't petition anything out of the saints, either. St. Anthony didn't help her find her handkerchief. Even God couldn't figure out what to do with her. She called him Thief, because he stole her life. She wanted to die of love for him, and she didn't consider what he gave her to be too terrible. She said: *yes, my Lord, yes, I want everything*. She wasn't sorry about anything. The words of Job: *though he slay me, yet will I trust in him*, had sent her into raptures since she was a child.

IT'S A CHIMERA

That you die ceremoniously, and choose who's there with you, and don't have to hurry.

That you can escape death and consciously carry it into your life.

That when it comes to what's right, it varies.

That to live fully, in other words with death, you can't throw anything away.

That I'm doing exactly what needs to be done.

Że nie mam przyjaciół, gdy mnie nie ma.

Że to, co znajduję teraz, znajdę także później.

Że wierzę w niemy Wielki Dźwięk, że decydują o tym wielkie tajemnice.

Że nareszcie potwierdzam bezpodstawny zarzut ucieczki od rzeczywistości i uciekam rzeczywiście.

Że pewne rzeczy muszą być zrobione, inne jednak nie.

Że stawianie kroków, zmywania naczyń, czesanie włosów żywo przypomina etapy umierania.

Że to, co policzalne, przyprawia mnie o święty dreszcz.

Że ten, kto wie o różnicy między świadomością osobową i nieosobową, mistyczną i uczuciową, nikomu nie powie o tym, bo się boi.

Że mi to łamie serce.

Że nic mi od tego nie będzie.

Raczej będzie, ale jeszcze nie dziś.

WIELKIE ZMIANY

Obserwuję zmiany w wielkich tłumach. Śpiew o tym, co przegapiłam, czy też zapomniałam, brzmi jak aria słynnej baronowej w środku słoja! *I mnie w opiece swej miej*, dodaję na wszelki wypadek, *bo kto miłości by nie miał*, niechby o tym przynajmniej nie wiedział, oznajmiam przez telefon—chociaż to nie telefon, lecz sen! Matka Teresa, Papież, Dalajlama mają tyle miłości czystej, nieosobistej, wyzbytej przywiązań, że jestem ich prawie pewna—w tę strasznie zimną niedzielę, w rocznicę Wielkiej Rewolucji, podczas odsłaniania pomnika marszałka Piłsudskiego. Jesteśmy na miejscu, w śniegu, i ktoś bez dania racji wspomina moje wiersze, kiedyż wreszcie przyjdziesz do siebie, pyta F—ale gdzie mam przyjść? Podaje

That I don't have friends when I'm absent.

That what I'll find now, I'll also find later.

That I believe in the speechless Great Sound, that great mysteries are to blame.

That at last I'm confirming the unconfirmed accusation that I'm running away from reality, and I'm really getting away.

That certain things must be done, and others mustn't.

That taking steps, washing dishes, and combing hair strongly resemble the stages of dying.

That what's countable gives me sacred chills.

That anyone who knows the difference between personal and impersonal, and mystical and emotional consciousness won't tell anyone because they're afraid.

That this breaks my heart.

That I won't suffer too much.

Or rather, that I will, but later.

GREAT CHANGES

I watch changes come in great waves. Songs about what I overlooked or what I forgot sound as though they were arias sung by a famous baroness from inside a glass jar! *And keep me in your care*, I add just in case, *because if someone hasn't known love*, let them at least not realize it, I declare over the telephone—though it isn't a telephone, it's a dream! Mother Theresa, the Pope, the Dalai Lama are so full of love that's pure, selfless, and free of attachment that I almost fully believe in them—on this terribly cold Sunday, on the anniversary of the Great Revolution, as the statue of Marshal Piłsudski is unveiled. Here we are, in the snow, and someone brings up my poetry without saying why; when are you going to return

mi adresy uzdrowicieli filipińskich, którzy palcami wyjmują choroby z ciała, w imię Jezusa trwa to kilka sekund. To cudowne! Myślę of Anicie, po narkotycznych lekarstwach podobno rozkosznej jak dziecko. Trochę tylko kaprysi i maleje. I ocaleje? Jak mogę pytać? Ależ na pewno, na pewno, na pewno.

BOSA ANTROPOSKA

Nim na dobre wysiadłam z windy, umarła kobieta o wielkich stopach, bosych i rozległych jak kontynenty! Kim była, gdy się tak wolno osuwała? Dusza ulatuje zwykle przez czubek głowy, nie przez stopy, ale tym razem to właśnie przez stopy łączyło się ze sobą wszystko, co przeżyte: ze sobą się łączyło, ze mną i z innymi. Czyż trzeba było aż umierania? Kobieta runęła jak długa, a świat przestał być, jaki był: nie pamiętam, aby kiedykolwiek mniej był wieczny, mniej się stwarzał.

Podejść zatem do niej i potrząsać. Krzyczeć: *obudź się, obudź się! Oddychaj!*—zresztą nie wiem, może coś miałoby lepszy skutek, stoję wciąż w jednym i tym samym miejscu i wcale nie znam tej kobiety wyglądającej jak wielka, bosa antroposka albo kirgizka emigrantka. Jej oddech nie porusza już roślin doniczkowych w holu. Jest jakiś niepokojący związek między nią a mną. Niechcący dotykam jej stóp—wtedy z gwałtownym kopnięciem zrywa się na nogi i wrzeszczy, że absolutnie nie zdoła już na nic po ludzku reagować! Zaraz też odzywa się telefon komórkowy. Z windy wciąż wysiadają nowi ludzie, mężczyźni, kobiety, starcy, dzieci, psy. Tamujemy ruch, musimy więc trzasnąć drzwiami i wyjść—nie ma w tej chwili innej możliwości.

Przeszłyśmy razem niezliczone kilometry, naraziła mnie na nieopisane próby, upłynęły dziesiątki, setki lub miliony lat. Dotarłyśmy wreszcie na kraniec świata i usiadłyśmy na krawędzi. Tam dopiero poznałam historię świata, jak powstawał. Na początku, przed wszystkimi czasami, nigdzie nie było żywego ducha. Nikogo nie było i nic. Kobieta bardzo się tego bała i nie umiała się przemóc, aby dostrzec w tej sytuacji coś pozytywnego. Wtem, po eonach wszelkiego braku, usłyszała w głowie lekki trzask. Poczuła, że głowa ta staje się dziwnie lekka, a niebo i

to your old self, asks F—but what am I supposed to return to? He gives me addresses of Filipino healers who use their hands to pull illness from the body in the name of Jesus—it only takes a minute. How miraculous! I think about Anita, who was probably as delightful as a child after all those heavy drugs. She only fussed a bit and got smaller. And survived? How can I even ask? Of course she did, of course, of course.

BAREFOOT ANTHROPOS

Before I even stepped off the elevator, a woman with giant feet, bare and vast as continents, fell down dead! Who was this person who collapsed so slowly? The soul usually leaves the body through the top of the head, not the feet, but this time it was precisely through the feet that everything outliving her was connecting: with one another, with me, with others. Does it really take a death? A woman collapsed, and the world ceased to be the way it was: I can't remember the world ever being less timeless, the world ever creating itself less.

What I should do, then, is walk up to her and shake her. Shout: *wake up, wake up! Breathe!*—actually, I don't know, maybe something else would have worked better, I'm still standing in the same place, and I know nothing about this woman who looks a little like a giant, barefoot Anthropos, and a little like a Kyrgyz immigrant. The potted plants in the hall have stopped swaying with her breath. There's some kind of unsettling connection between us. I touch her foot accidentally—then, with a sudden kick, she springs to her feet and screams that she's absolutely incapable of reacting to anything like a human! A cell phone starts ringing. And, all the while, people are coming out of the elevator, men, women, old people, young people, dogs. We're obstructing traffic, so we have to slam the door and get out—we have no other choice.

We've walked countless kilometers together, she'd exposed me to unbelievable trials, and tens, hundreds, millions of years have passed. We finally arrived at the end of the world and sat on the edge. Only then did I learn the history of the world, how it originated. In the beginning, before time, there wasn't a living soul anywhere. There was nothing and no one. This made the woman very afraid, and she didn't know how to

ziemia oddzielają się od siebie. Uznała, że to bardzo dobre. Tak samo dobre jak oczy nieba, słońca i księżyce, które otworzyły się, aby mogła nimi widzieć, co się dzieje. I zobaczyła, jak z jej kolan wyrastają twarde, niezdobyte góry, a rzeczywistość staje się fizyczna, materialna. I ujrzała, jak wszystkie otchłanie jej ciała stają się miękkimi, cienistymi dolinami. I widziała, jak z jej włosów wyrastają nadrzeczne wierzby, a oceany łez pełne są pereł i ryb. I zobaczyła swoje wielkie ramiona-drogowskazy i ogromne stopy-kontynenty, i otworzyła dłoń, na której zgodnie z liniami przeznaczenia zaczął obracać się świat. I zachwyciła się tym, i przeraziła się tym, że ktoś, kto umiałby uwolnić ją od tego spóźnia się strasznie, a w końcu nigdy nie przybywa. I stało się tak, bo musiało się stać, że pierwszy człowiek powstał z jej nieludzkiego zmęczenia tym wszystkim.

TRZEBA MNIE ZABIĆ

Wiem, to nie mieści się w głowie, jestem egocentryczna, pełna pychy i opowiadam sny, trzeba więc mnie zabić. W przeciwnym razie rzecz przebierze ludzkie miary i wkrótce nie znajdziesz cichego i pokornego serca pośród żywych. Miłości bożej nikt by już nie miał ni katharsis. Obchodziłoby nas tylko to, co każdy sam by w sobie przeczuł albo przeżył. A gdyby, z niezrozumiałych powodów, ktoś wziął do ręki gazetę, brałby od razu cały świat—i kiedy, co często się zdarza, strzelano by z jakiejś fotografii—dałby się zabić osobiście.

DEUS EX MACHINA

Boję się, że to się stanie. Muszę odejść. Nie może tak dłużej być. Ta ciemność wokół. Wszystko zabite na głucho, stukanie po nocy z góry. Nie ujdzie mi to na sucho. Przyłapią mnie. Nie będzie ani wiary, ani nadziei, ani miłości, ani pracy—i rzeczywiście, ląduję na bruku. Jest to,

deal with it, how to see anything positive in the situation. Suddenly, after eons of complete absence, she heard a soft crash inside her head. She felt her head becoming strangely light, and the heavens and earth began to separate. She knew this was a very good thing. As good as the eyes of the sky, the sun, and the moon, which opened so she could see what was happening. And she saw how solid, impassable mountains were growing from her knees, and reality was becoming physical, material. And she watched how all the chasms of her body were becoming soft and shaded valleys. And she saw how her hair was sprouting river willows, and her oceans of tears were filling with fish and pearls. And she looked at her enormous shoulder-lodestars, and her enormous feet-continents, and she opened her palm to see the world begin to turn there, following her fate lines. And she felt awe and terror if there was anyone out there who could save her, they were running terribly late, and finally never coming. And so it came to be, as it had to, that the first human was born from this deep, inhuman exhaustion.

I MUST BE KILLED

I know it's hard to wrap your head around, I'm egotistical, full of pride, and I talk about my dreams, and therefore I must be killed. Otherwise, it'll be more than we can handle, and soon we won't find a quiet and humble heart among us. Nobody would experience divine love or catharsis any more. We'd only be interested in what we feel or experience within ourselves, alone. And if, for some incomprehensible reason, someone picked up a newspaper, they'd be picking up the whole world at once—and when, as so often happens, shots from some kind of camera were fired—they'd let themselves get killed.

DEUS EX MACHINA

I'm afraid that it'll happen. I have to walk away. It can't go on much longer. This darkness all around. Everything killed and gone, a clatter coming every night from above. I won't get away with it. They'll catch me. There won't be any faith, or hope, or love, or work left—and reality

ściśle rzecz biorąc, wenecki bruk. Jest to też sen. W jawie nigdy by mi się tak łatwo nie udało przejście ze świata do świata.

W Wenecji panuje wiek osiemnasty, ciasnymi uliczkami krążą czerwone autobusy. Dzień budzi się bardzo wcześnie. Nadal wiem, że śnię i to śnię jak nigdy, z pełną świadomością. W takich snach można zamierzać, co się chce: pada śnieg, więc go dotykam i porównuję ze śniegami jawy — ach, niegdysiejsze śniegi znacznie są zimniejsze! Patrzę na swoje ręce i widzę je obie. Tak właśnie ma być w świadomych snach. Przekonuję się, że śnienie to po prostu inne światy, które powstają pod wpływem poczucia, że właśnie się przed nami otwierają. Wystarczy czuć, aby być. Wywrócić na lewą stronę rękawiczki i stronić od jawy.

Wchodzę więc w uliczki weneckie jak w głuchoniemy film. Mogę patrzeć, wąchać, dotykać, ale nikt i nic się do mnie nie odzywa. Spoglądam w niebo, jakby było tam coś jeszcze nie ukształtowanego, co zmaterializuje się na samą myśl — natychmiast z chmur wyłania się ktoś w czarnym, precyzyjnym kombinezonie, kto — nie całkiem zstępując — usiłuje mnie zastrzelić.

Nie umiem obudzić się ani błyskawicznie uciec w inny sen. Wszystko jest dla mnie wciąż jeszcze, jak w jawie, przemożną, obezwładniającą siłą. Morderca zapędza mnie tam, skąd przyszłam, wyszarpuje broń. Prawie zgadzam się na to, co ma być, bo nic innego nie wydaje się możliwe. *To jest naprawdę,* mówię powoli, z największym zdumieniem, z najświętszym przekonaniem, z tak głębokiej zupełności, że niszczy ona we mnie resztki poczucia, że kiedykolwiek wcześniej rozumiałam świat. Mówię to całkiem do nikogo, tak bezosobowo, jak się zawsze, od początku i na wieki wieków mówiło i będzie się mówić w sytuacjach, które nie mieszczą się w głowie.

To jest naprawdę: jakbym wypowiedziała hasło, w tej samej chwili następuje cud. Bóg zsyła z nieba wielkie wody, które zatapiają złoczyńcę prysznicem o sile tysięcy biczów bożych. Obserwuję, jak kurczy się i pod ciosami załamuje wpół. Następnie rozrzedza się, rozpływa się i znika. Nie wiem nawet, czy mówię: wielkie dzięki. Może na szczęście nic nie mówię, bo nic tu już mniej niż mówienie nie pasuje. Po potopie nic wokół zresztą

lands on the pavement. It's a Venetian pavement, to be precise. It's also a dream. Moving from one world to another wouldn't be so easy in the waking world.

It's the eighteenth century in Venice, and red buses zoom around the narrow streets. Day dawns very early. I know that I'm still dreaming, and that I'm dreaming like never before, fully lucid. You can do whatever you want in dreams like these: snow is falling, so I touch it and compare it to snow in the waking world—ach, snow from the past is colder! I look at my hands and can see them both. That's what happens in lucid dreams. I'm starting to think that the act of dreaming is simply our feelings nudging new worlds into being, making them unfurl in front of us. You only need to feel to be. To turn your gloves inside out and never touch the waking world.

And so I step onto the Venetian streets, and it's like stepping into a silent film. I can look, smell, and touch, but nobody and nothing speaks to me. I look up at the sky as if there was something still unshaped there, something that only my thoughts will materialize—suddenly someone in a black bodysuit bursts through the clouds and—before his feet even touch the ground—tries to shoot me.

I don't know how to wake up or how to flee, lightning-quick, into another dream. Like in the waking world, everything feels propelled by an overwhelming, incapacitating force. The assassin forces me to retreat, then yanks out his gun. I almost agree to everything that's about to happen, because I can't imagine another way. *This is really happening*, I say slowly, with the greatest wonder, with the holiest conviction, with such deep wholeness, that it destroys the last traces of a feeling that I had ever understood the world. I'm saying this to no one, speaking as impersonally as we always do and will in situations we can't wrap our heads around, from the beginning of time to its end.

This is really happening: as though they're magic words, a miracle occurs. God sends great waters down from the heavens, drowning the villain with the strength of a thousand scourges. I watch how he huddles down and breaks in half beneath the blows. Then his body dissipates,

nie ma prócz Boga, który jest. Naprawdę, nastaje chyba czas staranny, że wreszcie będzie się go dostrzegać.

W PIĄTEK, TRZYNASTEGO

Trzynastego, w piątek, ktoś mnie przekupuje, abym go przemyciła. Niesłychane, że mogę teraz wejść przez szklane drzwi tam, gdzie nie wszyscy mogą. Bóg trzyma mnie mocno, a czy się to komu podoba czy nie, od piosenek na ten temat drżą szyby.

Obmyślam ćwiczenia ze śnienia. Jak zaproszę chętnych. Jak przekształcę dźwięki. *Tchnij w moje serce swojego ducha, o Jezu,* śpiewa radio, a *I-cing* mówi: *nie wykraczaj poza swoje położenia.*

Wykraczam poza nie swoje położenie, śni mi się, że wspólnie umierają na jednym łóżku: bardzo piękna młoda dziewczyna i beznadziejnie chora emigrantka. Obok ja. Łóżek do umierania są tysiące. Przychodzą wciąż nowi umierający i mówią o nocach spędzonych na tańcach, był bal! Dwie inne umierające szybko zbiegają po błotnistym zboczu, bo śmierć to zimna, bezduszna istota, która zadaje cierpienie, gdy doścignie.

I tak jakoś rozmijam się z losem, że odwiedza mnie najsłynniejszy astrolog, jaki jest. Prosi o pożyczenie zakazanej książki. Obecny przy tym terrorysta chowa się do szafy, a kiedy wieczorem wyjmuję stamtąd długą, jedwabną suknię, wciąż jeszcze mogę go tam zastać. Astrolog woła z głębi domu, że tak: tak właśnie trzeba dziś mówić o losie, dramatycznie, postmodernistycznie, świadomie, ale nie do końca! *Ależ nie, nigdy w życiu tak nie powiem,* mówię! Ależ tak! Owszem, książka *Tao fizyki* stoi na najwyższej półce, trzeba by wejść na krzesło! Więc wchodzimy.

dissolves, and disappears. I don't think I even manage to say: thank you, thank you. Maybe it's for the best, because suddenly nothing feels more inappropriate than language. Post-flood, the world is full of nothing but God, God who really exists. Perhaps fixed time is really arising, and we'll finally be able to feel it.

FRIDAY THE THIRTEENTH

On Friday the thirteenth, someone bribes me to smuggle him through. It's incredible that I can now pass through a glass door and enter a place not everyone can. God holds me close, and say what you will, singing about it makes windows shake.

I devise schemes using my dreams. I plan how I'll invite the willing. How I'll transform sound. *Breathe your soul into my heart oh Jesus*, sings the radio, while the *I-Ching* tells me: *do not move past your present location*.

So I move past someone else's location, I dream that two people are dying side-by-side in a bed: a beautiful young woman, and a hopelessly sick immigrant woman. I'm right next to them. There are thousands of deathbeds here. The dying keep walking in and talking about nights spent dancing, since there had been a ball. Two other dying women run over a muddy hill, because death is a cold, soulless thing that imposes suffering when it catches you.

It's somehow my fate to meet the most famous astrologer in the world. He asks me to lend him a forbidden book. There's a terrorist hiding in the wardrobe, and he's still there later that night, when I take out a long silk dress. From deep in the house somewhere, the astrologer shouts, yes: yes, this is exactly how we must talk about fate these days, dramatically, in a postmodern way, consciously, but not completely! *Absolutely not, never in my life will I talk like that!* I say. But yes! Yes, the book *The Tao of Physics* is on the highest shelf, and we need to climb up on a chair to reach it. We climb, then.

W ZAMYŚLENIU

Spiesznym krokiem mija nas prezydent Clinton w królewskim, nieprzemakalnym płaszczu. Spotyka się tu również osoby w habitach, w białych koszulach, dziennikarzy. Czeka się na kobietę-awionetkę i doczekuje się: przywozi jedno ze swoich dzieci, małego kwarka w kombinezonie kosmicznym, zostawia go i odlatuje dalej. Dziecko, ze względu na szczególnie gapiowaty wyraz twarzy do siódmego roku życia zwane imbecylem, okazuje się genialne. Jest najbardziej poszukiwanym w naszych czasach nauczycielem i doradcą, rozmówcą, rowerzystą, poetą i szamanem.

Mówi, że to, co najważniejsze, nie dzieje się w myślach, ale w zamyśleniach. Zamyślenie to jedyny ludzki odruch absolutny. W zamyśleniu wszystko przez nieuwagę wpada głęboko do serca i tam rozważane jest w odniesieniu do naszego prawdziwego istnienia, a ono z kolei do spraw nieba i ziemi. W ten sposób z wolna staje się to oczywiste i nie zakłóca już naszego życia. Pozwala zapomnieć, że się jest. Słyszeć jak ktoś, kto nie słucha—widzieć jak niewidzący. Zadziwiać się tym nienatarczywym położeniem. Cieszyć się nim, świętować je. Oddychać tym—gdyż dusza w zamyśleniu chętnie odlatuje na oddechu, odfruwa na Księżyc lub na liść. Tam być, i to jak najprędzej, zanim ubędzie Księżyca.

CHIŃSZCZYZNA

Można również wyjeżdżać do Chin i nigdy nie wracać. Schodzić na peron po drabiniastych schodkach. W Chinach zdumiewa przede wszystkim medycyna oraz płaskie, szerokie, białostockie krajobrazy i dziwnie podźwiękująca mowa. I cokolwiek by się sądziło o chrześcijaństwie, jakkolwiek by ono praktycznie wyglądało, przynajmniej mówi się tam o miłości—tutaj mówi się, że natura jest dynamiczną grą przeciwieństw. Mniejsza zresztą o słowa, chodzi raczej o dźwięk. Słowo nie musi w niczym dorównywać obiektowi, może nic wyraźnego nie oznaczać, ale ma dźwięczeć tak, aby ogarniać zrozumieniem—a krótkie dźwięki sprawiają, że myśli zsuwają się z głowy znacznie prędzej.

Skąd się to bierze? Może nic się nie bierze, może raczej coś nam się

IN A DAYDREAM

President Clinton rushes past us wearing a majestic raincoat. I see people in religious habits, people in white shirts, and journalists. We're waiting for the airplane-woman and she arrives at last: one of her children is with her, a small quark in a cosmic spacesuit. She leaves him behind and flies away again. The child was considered an imbecile until the age of seven because of the simpleminded expression on his face. He turned out to be brilliant. He is the most sought-after teacher and adviser of our times, as well as an excellent conversationalist, cyclist, poet, and shaman.

He says that what's most important is what happens in daydreams, not thoughts. Daydreaming is humanity's purest reflex. When we daydream, our inattention makes everything fall deep into the heart, where it's considered in relation to our true being, and our true being is, in turn, considered in relation to heaven and earth. Everything slowly becomes clear and disrupts our lives no longer. It becomes possible to forget we exist. To hear like one who doesn't hear—to see like the blind. To marvel at this unobtrusive way of being. To be glad of it, to celebrate it. To breathe it in—in a daydream, the soul flies away happily on a breath, flutters to the Moon or a leaf. To be there and to get there as quickly as we can, to make it before the Moon leaves.

CHINA

Another possibility is leaving for China and never coming back. Climbing down the wooden steps of the train station. The most astonishing things about China are its medicine, its flat, wide, landscapes reminiscent of Białystok, and the curiously echoing language. Whatever your opinion of Christianity, however it may appear in practice, at least there they speak of love—here it's said that nature is a dynamic play of opposites. Not so much the words, but the sounds. A word doesn't have to equal the object, it doesn't have to mean anything at all, but it should sound in a way that surrounds you with understanding—and short sounds make thoughts slide from the head more quickly.

Where does all this come from? Maybe it doesn't come from anywhere,

zabiera? Zimno bierze się znikąd. Im więcej go wchłonę, tym mniej zostanie na potem—żeby nie było jak z Anitą, która mówi, że *idzie w stronę życia* i umiera. Nikt, kto się urodził, nie idzie w stronę życia. U samego źródła życia popełniono błąd. Nie chcę przez to nic powiedzieć. Nie wiedziałabym, co powiedzieć. W chińszczyźnie jest powiedziane: *ilekroć chcesz coś osiągnąć, powinieneś zacząć od jego przeciwieństwa.*

Nie od rzeczywistości. Od nierzeczywistości. Od śpiewania *odpłyniesz wielkim autem*... Czy jakoś podobnie. Każdy musi to w końcu zrozumieć, w tym okrutnym świecie. Pani z telewizji tłumaczy, na czym co polega, co czym jest. Nabiera przy tym wodę z kranu do wiaderka i wylewa. Znów nabiera i znów wylewa. Oto, czym jest to tłumaczenie: laniem wód! A potem znowu znajduję się tam, skąd uparcie odchodzą pociągi do Chin. Na jeden z rozmysłem się spóźniam.

SNY BEZ WYBORU, BEZ KOLORU

Wygrałam los na loterii. Ze szczeliny wypływały długie arkusze, dyplomy uznania, bilety na wycieczkę morską, w końcu przyszła nawet kobieta z prezentami, z wielką kraciastą peleryną Sherlocka Holmesa—gdyż od jakiegoś czasu jesteśmy prywatnymi detektywkami i tropimy świadomość, tym razem szorstko, profesjonalnie rozmawiając o horoskopach. Terrorystę trzeba wyrzucić, mówi astrolog. Z szafy i z każdego miejsca. Więc gdzie się podzieje? Musiałabym zmieniać dla niego cały świat. To trudne. Od tego boli każde włókno, każdy nerw. Astrolog zagadkowo wzrusza ramionami.

Znajduję przepis na białą zupę, F tymczasem tak zmienia nasz dom, że nie zostawia tam cienia prywatności. Pod ścianami okrągłe poduszki. Podłoga z kawałków białych skór. A może to kry lodowe? Jak można pomylić takie rzeczy tylko ze względu na biel? Kto w końcu tworzy te sny i czy mogłabym mieć jakiś wybór?

W jawie tak marznę, że natychmiast przysuwam sobie jedną z tych białych niedźwiedzich skór—miękką, ciepłą, łapczywą, która zaraz

but goes somewhere. The cold comes from nowhere. The more I absorb, the less remains for later—let's hope it's not like it is with Anita, who says, *I walk toward life,* but is dying. Once we're born, nobody walks toward life. The spring of life has a glitch. That's why I avoid saying anything. I wouldn't know what to say. There's a saying in Chinese: *whenever you want to accomplish something, start with its opposite.*

Not with reality. With non-reality. With singing *you'll swim away in a great big car.* Or something like that. Everyone in this cruel world has to understand that in the end. The woman on TV explains what depends on what, and what is what. As she speaks, she fills a bucket with water from the sink, then pours it out. She refills the bucket with water, and pours it out again. That's what explanations are: pouring out water! And again I find myself where the trains are always leaving for China. I'm running late for one on purpose.

A DREAM WITHOUT CHOICE, WITHOUT COLOR

I won the lottery. Long sheets of paper floated out of the fissure, certificates, tickets for a trip to the sea, eventually even a women bearing gifts appeared, dressed in Sherlock Holmes' huge, checkered overcoat— because we've been private detectives for a while now, and we track down consciousness, this time crudely, talking about horoscopes like we're professionals. We have to banish the terrorist, says the astrologer. From the wardrobe, from everywhere. Where will he end up? It's hard to say. Every fiber aches from it, every nerve. The astrologer shrugs.

I find a recipe for a white soup. Meanwhile, F rearranges our whole house so that not a shade of privacy remains. Round pillows propped up against the walls. A floor with scraps of white furs. Or maybe they're ice floes? How can I confuse two things just because of their white color? Who creates these dreams, and would it be too much to ask to have a say in them?

In the waking world, I'm so cold that I pull one of the white bear skins around me— soft, warm, and greedy, soon it'll consume me and make

mnie pochłonie i sprawi, że zapomnę o demonicznej części miasta, gdzie parkują czarne, zamaskowane samochody. Nawiasem mówiąc, co—złapana w tę skórę—czuję swoją niedźwiedzią miękkołapę? Czy czuję, choćby przez chwilę, twardą framugę drzwi? Czy jakiś inny nieustępliwy kształt? Nie, nie czuję nic. Na tym polega bezpieczeństwo.

COŚ SIĘ STAŁO

Coś się stało—gdy nic nie chroni przed światem zewnętrznym, pod żadnym pozorem nie wolno wnosić snów do jawnego życia i zostawiać ich gdziekolwiek. Ani na środku, ani w kącie. Ani w słowach, ani w myślach. Nie wolno opowiadać ich byle komu, byle gdzie. Deformowane ostrym, dziennym światłem umierają, niektóre się mszczą. Mogą odebrać światło Księżycowi, wstrzymać Słońce. Ludzi przemienić opętaniem. Na świat ściągnąć zaćmienie i ból. Wzdłuż ulic położyć drzewa powyrywane z korzeniami. Z piwnic wygonić szczury.

WTAJEMNICZENIE

Wskutek dramatycznych splotów wydarzeń—gdyż sny, podobnie jak jawa, są dramatami—niespodziewanie odlatuję czy też unoszę się w powietrzu. Po namyśle uważam, że to raczej uniesienie, chociaż obrócone w dół, lecz podciągane równocześnie w górę przez niewidzialną żywą siłę. Dzięki temu nie latam jak ptak ani ryba, bardziej jak Mary Poppins albo ktoś zjeżdżający na rowerze z góry bez trzymania: Arny i Amy z uśmiechem temu potakują, inni jednak protestują przeciw łamaniu praw fizycznych. Pełne wtajemniczenie w ten świat—gdzie listopad i depresja są bóstwami—wymaga próby czarnej nocy, wypływam więc oknem w ciemność i rozpływam się w niej jakby we mnie też wyłączona prąd. Przez długi czas czuję wszystkość, wszędzie. Coś żywego niematerialnie usiłuje dotrzeć do mnie.

me forget about the demonic part of town, where dark, shady cars park. On a different note, what is it that I—trapped in my fur—feel with my soft bear paw? Do I feel—albeit for a moment—the hard doorframe? Or some other unyielding form? No, I don't feel anything. Which is the definition of safety.

SOMETHING HAS HAPPENED

Something has happened—if no barrier against the external world exists, then no one, under any circumstances, is permitted to bring dreams into waking life and then just leave them there. You can't leave them out in the open, and you can't leave them in a corner. Not in your words or your thoughts. You can't just recount them to whomever, wherever. If the sharp light of day deforms them, they'll die, and some will seek revenge. They can leech light from the Moon, prevent the Sun from shining. Transform people by possessing them. Eclipse the world with pain. Line the streets with trees torn up by their roots. Chase the rats up from the cellars.

INITIATION

As a result of this dramatic series of events—because dreams, just like the waking world, are dramas—I fly up unexpectedly, or am enraptured into the air. After giving the matter some thought, I decide it is a rapture, though directed downward, while at the same time I'm being tugged upward by an unseen, living force. Thanks to which I don't fly around like a bird or a fish, but more like Mary Poppins, or someone riding a bike down a hill with no hands: Arnie and Amy nod in assent with a smile, while others protest that I'm breaking the laws of physics. To become fully initiated into this world—a world where November and depression are deities—I need to try out the dark night, and so I float out the window into the darkness, and dissolve into it as though the lights were turned out in me. For a long time, I feel entirety everywhere. Something alive and nonmaterial is looking for me.

SNY CZARNEJ NOCY

Pierwszy sen zabił ptaki na niebie. Na dalekiej Północy więźniowie próbowali ucieczki łodziami bez żagli, gdy wodę prawie skuł lód. Jeden z nich niespodziewanie odwrócił się i wyszarpnął broń. Wystrzelił w kierunku stada czarnych ptaków. Wiele śmiertelnie spadło.

W drugim śnie, w zadymce, dwa białe niedźwiedzie zastąpiły mi drogę. Wezwałam taksówkę. Znalazłam się w uliczce, która—jakby się nagle czegoś zlękła—znikła. Zostało tylko ciasne, obce, złowieszcze podwórze, a na niebie nów. Zza załomu muru znów wyłoniły się dwie bestie, dwa białe niedźwiedzie w grubych, nieprzejednanych skórach.

W trzecim śnie, w nieskończenie czarnej przestrzeni czarownik Don Juan—wielkości galaktyki—przybrał półleżący kształt. Wiem, że był tam do rana, gdy pływałam łodzią, a z nieba luźno zwieszały się długie, piękne suknie, biele i blade zimowe błękity.

BIEL, BIEL, BIEL

Papież uroczyście podpisywał jakiś akt białym wiecznym piórem. Nagle się wypisało. Niemile mnie to zaskoczyło, potrzebujemy przecież wykładni bezspornych prawd—na szczęście w dzisiejszych czasach nie ma problemu z wiecznością piór, bierze się po prostu nowy wkład, a jeśli nadal trwa święto, trzeba się cieszyć.

Po odkrytym pokładzie spacerowały grupy ludzi. Wśród nich prezydent Bill Clinton i ktoś o wiele bardziej porywczy, potężniejszy od niego, w białym, galowym garniturze. Nadspodziewanie rozpętała się burza. Lunął deszcz. Clinton miał zbyt delikatne pantofle, by chodzić po wodzie, ale jego ochroniarz musiał.

Znów usiedliśmy w cztery osoby przy czworokątnym stole. Czekało się na nauczycielkę o imieniu Arlene. Ktoś głośno ziewając mówił, że nie liczy się ona z czasem i nie trzyma się planów, na tablicy ogłoszeń zostawił

DREAMS OF THE DARK NIGHT

The first dream made birds in the sky die. In the far North, prisoners were planning an escape using boats with no sails when the water almost totally froze over. Rather unexpectedly, one of the prisoners spun around and yanked out his gun. He shot at a flock of black birds. A great deal of them dropped dead.

In the second dream, two white bears were blocking my way in a blizzard. I called a taxi. I found myself on a little street that—as though suddenly spooked—disappeared. Only the new moon and an ominous, small, and strange backyard remained. Two beasts emerged from behind the wall again, two white bears in thick, stiff furs.

In the third dream, the sorcerer Don Juan—who was the size of a galaxy—reclined in the endless darkness of space. I know he stayed there until morning, when I rowed my boat across the water and lovely long gowns were dangling loosely from the sky, white and the pale blue of winter.

WHITE, WHITE, WHITE

The pope was solemnly signing a document with a white fountain pen. Suddenly it ran out of ink. I was unhappily surprised; we need our uncontested truths clarified, after all—luckily, the fountains of pens don't run dry these days, you just need to insert a new cartridge, and then rejoice if the festivities are still going on.

Groups of people strolled around the open-air promenade deck. Among them were President Bill Clinton and a man in a white tuxedo who was much more hotheaded and powerful than him.

Unexpectedly, a storm erupted. Rain poured down. Clinton was wearing shoes that were a bit too delicate for walking on water, but his bodyguard had no other option.

Once again, the four of us sat at a four-sided table. We were waiting for

więc dla niej wizerunek Boga: wobec tego Pan Bóg będzie nam dyktował, powiedziała Arlene spokojnie i bezosobowo. Miałam na sobie białą, długą do ziemi, ażurową pracę dyplomową, której była promotorką. Tematem czy też zamiarem tej pracy był duch polskości, którego nam ostatnio trochę brak. W bibliografii wymienieni zostali Mickiewicz, Krasiński, ksiądz Twardowski i Matka Boska Częstochowska.

ŚWIETLISTE ISTOTY

Czarownik Don Juan mówi, że powinniśmy zmienić swoje postrzeganie. Po tysiącach lat oglądania świata zbudowanego z konkretnych obiektów możemy ujrzeć energię bezpośrednio. To prawda, że na świecie znajdują się również obiekty—podzielone na dobre i złe—lecz energia jest czymś naprawdę fundamentalnym, realnym i naturalnym, a istota ludzka zrobiona jest za świetlistych włókien, które promieniście biegną w nieskończoność. Włókna te są świadome siebie, to znaczy wiedzą, że są i w jaki sposób są. Trudno dać temu wiarę, ale czasem podobnie trudno uwierzyć w człowieka, który nie jest światłem, a obiektem.

We śnie świetlista istota w Alejach Jerozolimskich prowadziła tramwaj wskazując mu drogę. Była iskrzącą się, lekko spłaszczoną kulą zrobioną z nierównych, postrzępionych na brzegach błysków światła. Unosiła się nad ziemią tylko tyle, by nie stąpać po niej bezpośrednio. W jej wnętrzu, będącym zarazem powierzchnią, wciąż migotał ruch. Nie sztuką było ją widzieć, widział ją cały tramwaj ludzi, a właściwie podróżujących nim upośledzonych umysłowo pacjentów zakładów psychiatrycznych. Z trudem nauczono ich, jak poruszać się po utartych drogach w uzgodnionym świecie, a tymczasem tramwaj wypadł z szyn. Uwolnieni, zachwycili się tym. Niektórzy, po długich latach, odzyskali zmysły.

a teacher named Arlene. Someone yawned loudly and said Arlene didn't pay attention to the time and didn't show up for her appointments, and so on the board he left her a sketch of God: in light of this, God will give us our dictation today, Arlene said calmly and coolly. I had my dissertation on me, white with an openwork pattern; it was so long it reached the ground. Arlene was my thesis director. The subject and intention of my work was the Polish soul, which we'd been rather lacking in lately. My bibliography included Mickiewicz, Krasiński, the price Twardowski, as well as Our Lady of Częstochowa.

LUMINOUS BEINGS

The sorcerer Don Juan says we need to change the way we see. Now that we've spent thousands of years looking at a world built out of concrete objects, we can see energy directly. It's true that the world consists of objects too—divided into good and bad—but energy is something truly fundamental, real and natural, and human beings are made out of luminous fibers that streak brightly into eternity. These fibers are self-conscious, meaning they know they exist, and how. It may be hard to believe, but sometimes it's equally hard to believe in a person who's an object instead of a beam of light.

In a dream, a luminous being on Aleje Jerozolimskie Street directed a tram where to go. The being was a sparkling, lightly flattened sphere made of uneven flashes of light, jagged at the edges. It hovered above the Earth so as to not tread on it directly. Movement flickered constantly inside it, and simultaneously on its surface. There was no trick to seeing it, the whole tram, which was full of people from the psychiatric hospital, saw it. They were being taught to take the normal paths of the accepted world, and it was taking a lot of effort; meanwhile, the tram derailed. The passengers marveled at their sudden freedom. Some even regained their sound minds after all those years.

CHOROBA TŁA

Pewnej rodzinie wciąż wymawiano mieszkanie, odmawiano wiz—nikt ich nie chciał, bo byli biedni, dziwni, chorzy, w dodatku każdy na swój sposób.

Mężczyzna był depresyjnym rosyjskim historykiem, a gdy walił się komunizm, nabawił się bólu w plecach. Musiał też nosić na rękach swoją żonę—tancerkę, która nigdy nie nauczyła się chodzić. Ich dziecko, kilkuletni chłopczyk, miało natomiast chorobę tła. Można ją było wyczytać w jego lustrzanych, biało błyszczących oczach. Nie mógł tymi oczami zobaczyć siebie na żadnym tle, nie potrafił dopasować siebie do tła, na domiar nie widział nic oprócz niewyraźnego tła—oddalonego, migotliwego dzieła sztuki. Idąc w kierunku tła, zawsze ześlizgiwał się, padał z nóg—a gdy wyobrażał sobie, że idzie gdzie indziej, natychmiast gubił się w sobie.

Lekarstwo na to było gorsze niż choroba. Znała je lekarka stara jak świat, która złamała niedawno nogę w stopie i mogła już chodzić tylko brzegiem morza. Z tą stopą wciąż było nienajlepiej. Stawała się coraz cieńsza, bledsza, z drugą też zaczynało się coś dziać. Trudno było w tej sytuacji chodzić prosto, nie wypadać na ludzi: kobieta przyznała, że nie potrafi już ominąć żadnego człowieka na swojej drodze.

Jeśli chodzi o choroby, powiedziała, to trzeba je widzieć na szerszym tle. Zacząć od objaśnienia ich tym, którzy długo byli nieprzytomni albo nieobecni. Uprzedzić, że o wszystkim świadczą teraz tylko oryginalne dowody, gdyż kopie okazały się sprzeczne z człowieczeństwem. Przypomnieć, że zdrowie od choroby dzieli tylko cienka, pionowa kreska i żaden z tych stanów nie jest czystą formą, a jaki jedno z drugim ma związek decyduje tło—które potrafi być żywą istotą, jak duch—i czasem zupełnie wystarczająco myśleć za nas.

To, co nie do pojęcia, ma być niepojęte. W tym, co mimo najszczerszych chęci nie da się pojąć, będzie lekarstwo. Ciesz się, powiedziała kobieta, kiedy poczujesz dreszcz. Nim odzyskałam panowanie nad sobą, zniknęła w głębiach snu, a koło mnie przebiegło małe, nagie dziecko, chłopczyk. Ciągnęło ze sobą białe prześcieradło. Chciało przez zamarznięte okno

BACKGROUND SICKNESS

There was a family that was constantly getting evicted from their building and denied visas—nobody wanted them because they were poor, strange, and sick, each in their own individual way.

The husband was a depressed Russian historian, and when Communism started to fall, he started suffering from back pain. Moreover, he was obliged to carry his wife around in his arms—she was a dancer who had never learned to walk. Their son, a toddler, had the background sickness. You could see it in his white eyes, glassy and glowing. With eyes like that, he couldn't see himself on any background, he couldn't fit himself into any background, he couldn't see anything at all except an indistinct background—a distant, flickering work of art. If he walked toward that background, he always slipped and fell—and if he ever imagined himself walking anywhere else, he immediately got lost within himself.

There was a cure, but it was worse than the illness. The doctor who knew it was old as the world itself. She had broken her foot recently, and now the only place she could walk was along the seashore. The foot deteriorated steadily. It grew thinner and paler, and something started happening to the other one too. It was difficult to walk straight, to avoid falling on people—the woman admitted she could no longer avoid any person in her path.

She said that when it comes to sicknesses, the trick is to consider them against a wider background. You must begin by notifying people who have long been unconscious or absent. Forewarn them that only original documents matter now, since copies turned out to be at odds with our humanity. Remind them that only a thin, vertical line divides sickness from health, and neither one is a pure state, and the relationship between them gets decided by the background—which can become a living being, like a ghost—and sometimes can do all our thinking for us.

What's unfathomable should be left unfathomed. We'll find the cure in that which won't let itself be fathomed, no matter how much we want it. Rejoice, said the woman, when you feel a shudder. Before I could collect myself, she disappeared deep inside the dream, and a small, naked

wyfrunąć na mróz, ale pochwyciłam je i czym prędzej zamknęłam w piwnicy, gdzie jest cieplej.

TYDZIEŃ AUTYZMU

Zaczyna się Tydzień Autyzmu. Gdy słyszę słowo *autyzm*, przechodzi mnie dreszcz. Telefonuję. Szukam konferencji. Dzieci oducza się autyzmu za pomocą impulsów elektrycznych. Gdy przytulają się, dostają jedzenie albo unikają prądu. Podobnie klapsów, szczypań, biczów zimnej wody. Mówi się, że dzieci autystyczne traktują innych ludzi jak przedmioty. I nawzajem, inni ludzie podobnie je traktują.

Coś one tam jednak robią w sobie—tak oddalone, nieczułe, niedoścignione—kołyszą się, kręcą, wirują jak szamani. Lubią monotonne powtarzanie słów. Liczenia prędkie, godzinami. Mówią tylko w razie ostatecznej konieczności. Noszą przedmioty, których nie sposób im wyrwać z rąk: wynika z tego, że ten, kto o tym wie, czasami próbuje. Wściekają się, gdy nikt ich nie rozumie—a nikt ich nie rozumie. Okaleczają się. Na zdjęciu jedno takie dziecko siedzi jak medytujący Budda i patrzy, a nie widzi, i jest, lecz jakby go nie było.

Bruno Bettelheim mówi, że one *aktywnie uciekają od niezwykle wrogiego świata*. Oliver Sacks opisuje autystyczne osoby dorosłe przeobrażone w niemal normalne, ale nie do końca. Coś zawsze pozostaje. Uta Frith twierdzi, że *owo coś może mieć swoją drugą stronę, rodzaj moralnej albo intelektualnej intensywności lub czystości, tak oddalony od rzeczywistości, że staje się to szlachetne, śmieszne lub budzące lęk w reszcie ludzi*. Podaje przykład jurodiwych starej Rosji, Franciszka z Asyżu i—Sherlocka Holmesa.

MEDYTACJA

Jeśli chodzi o to, co i kiedy—w ciszy i oddaleniu—następuje, to na pierwszym poziomie medytacji odsuwają się zmysłowe pragnienia,

child ran past me, a little boy. He dragged a white sheet behind him. He wanted to fly out of the frozen window into the cold, but I caught him, and quickly shut him in the cellar, where it was warmer.

AUTISM WEEK

It's the start of Autism Week. When I hear the word *autism*, I shudder. I make phone calls. I search for a conference. Children can unlearn autism with the help of electromagnetic pulses. When they show affection, they receive food or evade a pulse. It's similar to spanking, pinching, or lashings of cold water. People say that children with autism treat other people like objects. And vice versa; they're treated as objects by other people.

Yet they're doing something there, within themselves—so distant, unfeeling, unreachable—they rock, they twist, they spin like shamans. They're fond of monotonously repeating words. Counting quickly for hours. They speak only when absolutely necessary. They carry things you can't pry from their hands: so, naturally, people sometimes try. They go wild when nobody understands them—and nobody does understand them. They harm themselves. In a photograph, one such child sits like a meditating Buddha and watches, but doesn't see, and exists, though it seems as though he doesn't.

Bruno Bettelheim writes that these children *are actively fleeing from an unusually antagonistic world*. Oliver Sacks writes about autistic adults transformed into people who are practically average, but not quite. Something always remains. Uta Frith believes that *it can have another side to it, a kind of moral or intellectual intensity or purity so distanced from reality that it becomes regal, funny, or anxiety-inducing for other people*. She offers as examples the Yurodivy of old Russia, St. Francis of Assisi, and Sherlock Holmes.

MEDITATION

If we're talking about what occurs and when—silently, far off in the distance—then in the first stage of meditation, sensory desires fall away

ukierunkowuje koncentracja. Pojawia się radość i błogostan. Nadal przelatują pojedyncze myśli, ale nie odczuwa się ich już jako przeszkód. Na drugim poziomie nawet te drobne myśli i inne przejawy świadomości zostają zawieszone. Zostaje tylko radość, błogostan, miłość, współczucie, sympatia. Na trzecim poziomie radość znika, pozostaje tylko błogostan i ukierunkowanie na jeden cel. Na czwartym poziomie nie ma już błogostanu, wzmożonej koncentracji towarzyszy jedynie poczucie wielkiego spokoju.

Potem następują cztery jeszcze wyższe, niezależne od ludzkiego kształtu rodzaje odczuwania: doświadczanie nieskończonej przestrzeni, nieskończonej świadomości, nicości i stanu, w którym nie ma ani percepcji, ani braku percepcji. To bardzo subtelne doświadczenie można uchwycić intelektualnie tylko za pomocą paradoksu. Wspólną cechą tych stanów jest całkowite oderwanie—nie ma tu żadnych ludzkich odczuć. Nie ma krzywd, cierpień, nieszczęść. Nie ma ich czym czuć. Świat jest doskonale zrobiony z niczego. Przynajmniej tak mi się wydaje.

KSIĘGA DANIELA

Niebo o trzeciej w nocy jest niezwykłe, ciemnopomarańczowe, a na ziemi śniegu po kolana: gdyby ktoś tamtędy szedł. Wybiegam i uciekam z jakąś kobietą samochodem, po drodze zmienia się ona w mężczyznę o imieniu Daniel. Przyglądam się mu dokładnie, bo nikogo o takim imieniu nie znałam dotąd osobiście. Za stacji benzynowej dzwonimy do domu obawiając się ironii kierowców ciężarówek z mlekiem, którzy rozmawiają przy nas o *pewnym szwajcarskim analityku nazwiskiem Jung*. Wiedzą, że interpretujemy sny, a nie wierzą w sny, pytają: czy kiedykolwiek sny naprawiły jawne zło? Czy koniecznie muszą być ofiary?

Biblia opisuje, jak król Nabuchodonozor złapał Daniela i trzech innych synów judzkich, i wziął ich na sługi. Jako wegetarianie, odmówili pokarmu z królewskiego stołu, zaś Daniel wykładał sny. Wyłożenie królewskich snów znajdował w swoich snach, Bóg dał mu bowiem rozumienie ich mądrości. Mówił, że tajemnicy, o którą pyta król, nie mogą mu wyjawić ani magowie, ani czarownicy, ani wróżbici, ani astrolodzy, gdyż tylko Bóg jeden zna przyszłość i objawia ją właśnie w snach.

and concentration sharpens. Joy and bliss appear. Individual thoughts continue floating by, but you cease seeing them as obstacles. In the second stage, you leave behind even these trifling thoughts and any other manifestations of consciousness. Only joy, bliss, love, compassion, and empathy remain. In the third stage, joy disappears, and you're left with only bliss and single-mindedness. In the fourth stage there is no more bliss; all that accompanies your heightened concentration is a feeling of great peace.

Beyond that are four higher states of perception that are independent of the human form: an experience of endless space, endless consciousness, nothingness, and a state where there is neither perception nor lack of perception. Only paradox can help us make sense of this very subtle experience. The common feature of all these states is complete detachment—here, there are no human feelings. There is no hurt, no suffering, no misfortune. There's nothing to feel them with. The world is wonderfully composed of nothing. At least, that's the way it looks to me.

THE BOOK OF DANIEL

The sky at three in the morning is a strange, dark orange, and the snow on the ground would reach a person's knees if anyone decided to walk out there. I run outside and escape in a car with a woman who transforms en route into a man named Daniel. I eye him closely because I've never personally met anyone named Daniel. We call home from the gas station, and worry about irony when we hear some milk truckers talking nearby about *some Swiss analyst whose last name is Jung*. They know we interpret dreams. They ask: have dreams ever solved the evils of the waking world? Must they really be offerings?

The Bible describes how King Nabuchodonosor captured Daniel and three other sons of Judah, and made them his slaves. As vegetarians, they refused food from the king's table. Daniel interpreted dreams. He discovered interpretations of the king's dreams in his own dreams; God let him understand their wisdom. He said that neither magi nor sorcerers, neither enchanters nor astrologers could divulge the secrets the king

Widział więc król we śnie olbrzymi posąg, *potężny był jego blask i straszny wygląd. Głowa ze złota, pierś i ramiona ze srebra, brzuch i biodra z miedzi, a nogi z żelaza i gliny. (...) A wtem, bez udziału rąk, oderwał się od góry kamień i uderzył w posąg. Nogi z żelaza i gliny rozpadły się na kawałki, kamień zaś, który uderzył w posąg stał się wielką górą i wypełnił całą ziemię.*

Ty, o królu, jesteś królem wielkim, powiedział Daniel. Twoje królestwo jest ogromne, ale po tobie powstaną inne królestwa, a czwarte z kolei będzie mocne jak żelaza, lecz kruche jak glina. Dlatego też Bóg stworzy w końcu królestwo niezniszczalne jak kamień—mówi sen. Patrz w kamień. Jego królestwo usunie i zastąpi wszystkie inne.

PANI REWOLUCJA

I rzeczywiście. Moim snom przydarza się to samo. W muzeum na terenach Akademii Sztabu Generalnego drogocenności ze złota, srebra, miedzi, żelaza i gliny trzymane są w szklanych gablotach zamkniętych na klucz—lecz nagle, jakby oderwał się z góry kamień, szyby zaczynają z trzaskiem pękać i spadać jedna na drugą, aż nic z tego, co było, nie zostaje. Jestem pod wrażeniem. Wygląda na to, że Bóg co prawda stwarza światy, ale potrafi je także zniszczyć momentalnie.

W tym samym centrum wojskowym myję głowę pod kranem, ale gęstwa włosów wciąż jest nieprzemakalna jak busz. Co innego F. Może to źle, ale staje naraz przede mną jakby dopiero wyszedł spod prysznica, cały trzęsący się, oszołomiony, półprzezroczysty, czymś numinalnym przeniknięty na wskroś.

Czy za tymi zdarzeniami, za powtarzalnymi obrazami, które zataczają kręgi, naprawdę kryje się coś wytłumaczalnego? Może są to tylko mało ważne wizerunki istnienia pozbawione przyczyn? Lecz trzymanie się z dala od nich nie wystarcza. Ścigają takich jak ja. Ktoś łomocze do drzwi,

asked about, because God alone knew the future, and he revealed it only through dreams.

The king had a dream in which he saw an enormous statue, *its luster was overwhelming, it looked horrific. A head of gold, chest and shoulders of silver, stomach and ribs of copper, and legs of iron and clay. And then, without the help of human hands, a stone fell from the mountain and struck the statue. The legs of iron and clay shattered to pieces, while the stone that struck the statue became a great mountain that occupied all of Earth.*

You, oh king, are a great king, said Daniel. Your kingdom is vast, but your reign will end and then other kingdoms will rise. The fourth of these kingdoms will be strong as iron, but brittle as clay. Eventually, God will create a kingdom as indestructible as stone—this is what your dream tells us. Keep your eyes on that stone. Its kingdom will eradicate and supplant all others.

LADY REVOLUTION

It's true, too. The same thing happens in my dreams. On the grounds of the General Staff Academy, in a museum, treasures of gold, silver, copper, iron, and clay lie in glass cases under lock and key—but suddenly, as though a stone has fallen from a mountain, the glass cases begin cracking with a roar, and collapsing one after another until nothing's left. I'm impressed. God may create worlds, but he can also destroy them in an instant.

Still in the military complex, I'm washing my head in the sink, but my mass of hair stays dry as brush. F doesn't have this problem. Maybe it's a bad thing, but he's standing in front of me looking like he just stepped out of the shower, shaking all over, dazed, partially transparent, pierced through with something numinous.

Is there something intelligible in all these occurrences, in these circling, repeating images? Maybe they're just sketches of existence, unimportant, devoid of rhyme or reason. And yet keeping your distance won't do you any good. They pursue people like me. Someone pounds at the door, and

a przez okno widzę, że szczerym polem idzie bardzo stara, bardzo młodo wyglądająca kobieta i niesie bitewną chorągiew, którą targa wiatr. To właśnie ten wiatr rozstrzyga, wprawia wszystko w ruch. Kobieta ledwie brnie, jest bardzo stara, lecz wygląda młodo, bo ma na imię Rewolucja i wciąż zaczyna się od nowa.

LISTA SAKRAMENTÓW

Nie ma temu końca. Znów przeczy się snom. Nie ujmuję się za nimi, nie śmiem, nie rozumiem. Trzynastego grudnia, w rocznicę stanu wojennego, na śmietniku snów znajduję bardzo stare zdjęcie gazetowe, na którym mnie nie ma. Nie znajduję siebie także w szpalerze ludzi ustawionych przed budynkiem. Obsesyjnie wchodzę do środka, otwieram wszystkie drzwi. Nie ma mnie nigdzie, jakby zabrakło dla mnie rzeczywistości, albo żadna nie obowiązywała tu i teraz. Może dlatego w ostatnim pomieszczeniu, do jakiego zaglądam, z nieszczelnych przewodów w kuchence gazowej ulatnia się gaz. Podpalam go w każdym palniku, w uroczystym natchnieniu, tak jak to było kiedyś w *Popiele i diamencie*. Dopiero wtedy nadspodziewanie materializuje się duch. Jest czysty, półprzezroczysty i nie chce tu być, wydłużoną smugą ucieka przez okno.

Co do mnie, odnajduję się w gromadzie włóczęgów idących piaszczystą drogą. Idziemy swingując, tańcząc—nie jestem pewna, czy jesteśmy realni, czy również do pewnego stopnia sfingowani. Ubrani w totalne, bezkształtne łachmany, z włosami jak w filmie *Hair*. Ktoś drze na kawałki i brawuro wyrzuca listę gościnnych miejsc, gdzie moglibyśmy w sposób cywilizowany zatrzymać się i odpocząć. Jakaś magia, upał, mutacja paru rzeczywistości na raz pozwala nam nielegalnie przekroczyć granicę snu, ale sroga nauczycielka o ostrych rysach nieustępliwie mówi: nie! Dalej nie można pójść! Każdy musi poznać przynajmniej listę sakramentów! Potrzebujemy rytuału, który sprowadza łaskę bóstw!

MÓWIĘ O NIM BÓG

Mówię o nim Bóg. Nie jest drobiazgowy i niezbyt zważa na realność, ale sprowadza łaskę, a gdy rozmawiam z nim, cytuje moje sny. Dysponuje w

through the window I see a woman who looks young, though she's very old, walking in the distance. She's carrying a battle flag that the wind thrashes about. It's the wind that decides, that sets everything in motion. The woman is barely slogging along, she's very old but looks very young because she's called Revolution and she's always beginning again.

LIST OF SACRAMENTS

There's no end to it. Again I deny my dreams. I don't defend them, I don't dare to, I don't understand. On the thirteenth of December, the anniversary of the start of martial law, I dig through a trashcan in my dream and find a very old picture from a magazine that I'm not in. I can't find myself in the throng of people outside the building either. I go inside and open all the doors obsessively. I'm nowhere to be found, it's as though there weren't enough reality left for me, or the world of here and now wasn't bound to it. Maybe that's why, in the last room I peer into, the gas stove is leaking. In a fit of inspiration, I light every burner, like in that scene in *Ashes and Diamonds*. It's only then that a ghost suddenly appears. It's clean, partially transparent, and doesn't want to be here, it escapes through the window like a long trail of smoke.

I find myself walking down a sandy road with a group of vagrants. We walk swinging our bodies, dancing—I'm not sure if we're completely real, or made up at least a little. Dressed in shapeless rags, our hair like out of the movie *Hair*. Someone has a list of places where we could stop and rest that are known for being hospitable. He rips it up and throws it away with bravura. Some magic, heat, or mutation of the mist of reality suddenly lets us cross the border of sleep illegally, but a stern teacher with a sharp face says: Stop! Go no further! Everyone here must at least learn the list of sacraments! We need rituals to summon the grace of God!

I CALL HIM GOD

I call him God. He isn't particular and doesn't conform much to reality, but he offers grace, and when I talk with him, he quotes my dreams. He

niebie potokami wód, a na co dzień dyskretnie czuwa. Jest na zewnątrz i wewnątrz: jest kręgiem, jest też stanem ducha. Jest umysłem, historią, kulturą—czymś w nieskończoności. Jest mi bliski, a jednocześnie tak nieosobisty, że wciąż go nie pojmuję i nie śmiem się do niego w ogóle odzywać. Wydawało mi się zresztą, że nieskończoność nie potrzebuje współrzędnych, a więc także słów—ale między Bogiem a słowem istnieje jakaś tajemnicza więź, jakieś mimowolne, naturalne połączenie.

W głębi duszy Bóg uczy mnie o słowach. Stwarza światy za pomocą słów. Ta stwórczość jest jak sen, jak metafora, która przekonuje mnie, że światy powstają dla potrzeb poetyckich. Rano, wyczerpany stwarzaniem, posyła mnie po chleb—lecz w piekarni, w koszach i na półkach nie ma już bochenków, leżą tylko wielkie stosy książek. Najcieńsza, pierwsza książka, którą biorę, jest zwyczajna, mądra. Druga całkowicie nieznana, dziwna, osobista. Trzecią książką są grube *Baśnie*, które sprzedają się jak świeże bułki, każdy bierze ile chce. Przeglądam je wśród przesadnych zachwytów sklepikarki i ponad wszelką wątpliwość widzę słowo *Bóg*. Na okładce czytam napis: *Autor snów jest Jeden*. Budzę się wstrząśnięta.

Słuchanie o Bogu jest dopuszczalne, ale już słyszenie Boga— niekoniecznie. Tymczasem Bóg przemawia i chce być dobrze rozumiany. W każdym z moich snów ukrywa gdzieś małego chłopca w słuchawkach na uszach, przez które żaden inny, prócz jego głosu, nie dociera. W jednym ze snów zdjął z siebie i dał temu dziecku swoją ostatnią koszulę i zdążył z tym tuż przed kataklizmem, gdyż zaraz potem całą Ziemię zalał potopem wód. Bóg już taki jest, że co stworzy, zaraz potem zniszczy. Tym razem ocalił ryby i światła elektryczne.

NIEZWYKŁA PŁYNNOŚĆ RYB

W restauracji podano rybę, nie było to ściśle biorąc ciało ryby, tylko jej kształt, a to, co jadalne, zawierało się w nim jak w pucharze. W pierwszej chwili pomyślałam, że rybę tę przygotowano dla fizyka: tak się przedstawił, a potem zawahał, jakby fizyka czymś go zawstydzała—ze względu na moją niepojętność lepiej było rzeczywiście z nią tak od razu nie zaczynać. Gdy to pomyślałam, fizyk zniknął. Ryba, dopóki śledziłam ją wzrokiem, istniała, ale stopniowo rozpływała się w tle. W końcu była

sends floods down from heavens while at the same time silently watching over us day by day. He's outside and inside: he's a circle, and also the state of the soul. He's thought, history, and culture—something infinite. He's close, and at the same time so impersonal that I still can't grasp him, and I don't dare to speak to him. It seems to me, in any case, that infinity doesn't need locations or words—but in the space between God and words there exists a secret bond, an involuntary, natural connection.

God teaches me about words in the depths of my soul. He creates worlds using words. The creation is like a dream, like a metaphor, and convinces me that words exist for poetry. In the morning, tired of creating, he sends me out to buy some bread—but when I get to the bakery, there aren't any loaves in the baskets or the shelves, only giant stacks of books. The first book I pick up is heavy, academic, and nothing special. The second is completely unfamiliar, strange, and one of a kind. The third book is a thick tome titled *Fairy Tales,* which sells out quick as fresh rolls; everyone grabs some. I leaf through it while the shopkeeper makes sounds of exaggerated delight, and I'm sure I see the word *God*. On the inside cover, I read the words, *The author of dreams is One*. I wake up with a start.

It's acceptable to listen to someone talk about God, but not necessarily to hear him yourself. And yet God does speak and he craves to be understood. He hides a little boy in all my dreams who's wearing headphones that transmit only the voice of God. In one of these dreams, God gave the boy the shirt off his back. Then he flooded the world with a great deluge of water. Whatever God creates, he destroys. This time, he spared the fish and electricity.

THE STRANGE FLUIDITY OF FISH

The restaurant served me fish. It wasn't, strictly speaking, the body of a fish, but rather its shape, and the edible parts were hardly enough to feed me. At first, I thought the fish had been prepared for the physicist—that's how he introduced himself, and then demurred, as though something about physics embarrassed him—and since I wasn't certain, I thought it best to wait before I started eating. The moment I had that thought, the physicist disappeared. The fish stayed put so long as I kept my eyes

już tylko przywidzeniem, a następnie zapomnieniem i udawaniem, że nic się nie stało.

Ryby, tak jak je opisuje astrologia, przywracają wiarę w sakramentalny sens niewytłumaczalnego, bez specjalnego jego pojmowania. Na wszystko, co fizyczne, spuszczają zasłony i śnią jak nikt inny. Przez wody snu przesuwają się bezwiednie ruchem wpół przezroczystym, nieme wobec ogromu tych wód i niemal w nich zupełnie rozpuszczone—bo są to anioły wodne, o wiele bardziej płynne niż powietrzne. Tak więc nie mam sumienia jeść ryb.

BEZPOŚREDNIE DOŚWIADCZENIA

Nie ma nauki, religii ani sztuki, które przetrwałyby bez paru opisów doświadczeń dowodzących, że to wszystko ma sens—zbieraliśmy się niby tylko na wspólne nauczanie czy też przeżywanie, ale używało się ostrej amunicji. Kluczowa była ta ostrość i bose, przymusowe wychodzenie na mróz.

Z dnia na dzień pogoda zmieniła się na jeszcze gorszą. Autobusem jechała kobieta z bardzo grubym pieskiem. Prosiłam, aby go tak nie karmiła, bo będzie mu ciężko w życiu, ale odparła, że to jej piesek i zrobi z nim co zechce. Wtedy spostrzegłam, że w autobusie brakuje tylnej ściany, a podmuchami wpada do środka śnieg.

Co więcej, nagle okazało się, że nigdzie nie jadę, tylko tak sobie wyobrażam i godzinami siedzę na ławce w zimnym parku. Przy bramie, na śniegu, stoi niskie lustro bez oparcia, pochylam się nad nim, a ono mnie nie odbija. Obok siedzi w kucki kobieta, maluje coś przezroczystego i mówi, że to jestem ja.

Wracam z Billem Clintonem, który cieszy się jak dziecko, bo podczas meczu z Anglią kupił sobie srebrny odstraszacz i wciąż go teraz ma—są to cienkie, muzyczne pałeczki, które składają się i rozkładają jak parasol, wydając dźwięk podobny do starożytnego okrzyku: huuu! Każdy znajdujący się po drugiej stronie tego okrzyku natychmiast odskakuje i zaczyna przygotowywać się na śmierć. Wtedy można już bombardować Bagdad.

on it, but it was fading into the background, bit by bit. Finally, it was just an illusion, and then forgotten, and then the pretense that nothing happened.

According to astrology, fish restore our faith in the sacramental sense of the unknown without ever revealing it. They draw the curtains over everything physical, and sleep like no other creature. They move through the waters of dreams mechanically, speechless in the vastness of the waters, almost dissolving in them—they're angels of the water, and move more fluidly than angels of the air. That's why I don't eat fish.

DIRECT EXPERIENCE

There is no knowledge, religion, or art that hasn't needed people to write of their experience, to confirm that it makes sense—we supposedly gathered only to learn or experience something together, but sharp ammunition came into it. The sharpness and the mandatory barefoot trek through the snow were key.

As the days went on, the weather got worse. There was a woman with a very fat dog on the bus. I asked her to stop giving the dog so much food because it would make his life difficult, but she retorted that it was her dog and she would do as she pleased. Then I noticed that the back of the bus was missing, and gusts of wind were blowing snow inside.

What's more, it suddenly occurs to me that I'm not going anywhere, I'm only daydreaming as I sit on a bench in a cold park. By the gate, in the snow, a low mirror stands without anything propping it up. I lean over it, and it doesn't reflect me. Right beside me, a woman is crouching over a piece of paper, painting something transparent. She says it's a portrait of me.

I walk back with Bill Clinton, who's cheerful as a child because, while the match with England was going on, he bought himself a silver repelling device—it's made of heavy metal rods that open and close like an umbrella, emitting a sound similar to an ancient cry: huuu! Anyone who

PODRĘCZNIK DO ŚWIĘTOŚCI

Świętość to droga do Boga, napisano. Jestem dopiero na początku podręcznika i nie wiem, czy chcę iść tą drogą: to labirynt! Powiedziano, że jeżeli nie znajdziesz Boga w najbliższym człowieku, to jest stratą czasu szukać go gdzie indziej. Ktoś, kto przemawia tu po ludzku w imieniu boskości, nie radzi szukać Boga w sobie, byłby to bowiem egocentryzm. Zaczynam się bać. Świętość może okazać się czymś zupełnie innym niż myślałam. Ani wodą w studni, ani pismem, ani bólem, ani nawet cudem. Ani zwierzęciem, ani drzewem, ani Księżycem, ani żadną rzeczą, ani człowiekiem jaki jest. Wtedy czym? Buddyści mówią: *na początek ułóż usta do lekkiego, ledwie dostrzegalnego uśmiechu*. Co ci szkodzi. Spróbuj.

Budda odnalazł Boga w siebie. Właściwie, w czystym umyśle Bóg powinien mieć się bardzo dobrze. Gdy siedzę prosto, stabilnie i nie zajmuję się myślami, po pewnym czasie znika ze świata wszelka zbędność, a Bóg oczywiście jest jak był. Lubię wiedzieć, że jest. Potrzebuję go. Przewiduję jednak istnienie światów tak przejrzystych, że nawet Bóg w nich znika.

KARA BOSKA

Czy za tę heretyczną myśl przychodzi kara, czy przeciwnie, ten okrutny sen jest jakimś wyzwoleniem? Co się stało? Stawało się coś zawsze, między ludźmi zawsze było coś niepokojącego—ktoś nagle szarpnął mną i zamknął w ludzkim kręgu. Nauczycielka o stanowczym głosie chwyciła mnie za ręce. Jej długie, ostre paznokcie wbiły się w moją skórę, przecięły ciało, popłynęła krew. Krąg ludzki się zacieśnił, trzymano mnie mocno, abym nie miała możliwości obrony i żadnej już tożsamości, z której mógłby się wyrwać krzyk—miałam jednak sen. I sen zrodził gniew, który zrodził krzyk, który zrodził pieśń, którą czarownik Don Juan mógłby nazwać pieśnią mocy, gdyż wszystkich zabiła. Taka jest kolej rzeczy.

W jawie trudno przecisnąć się przez ucho igielne czy też okienko piwniczne, jeżeli właśnie tędy wiedzie droga. Uciekam, nie dbając już, co będzie po mnie. Radio śpiewa, że są na świecie dobre okna w dobrym

hears the cry immediately jumps back and prepares to die. Then they can bomb Baghdad.

HANDBOOK TO HOLINESS

It is written that holiness is the road to God. I've just started reading the handbook, and I'm not sure I want to follow down that road: it's such a labyrinth! It's said that if you can't find God in the person next to you, looking anywhere else is pointless. Some person speaking in the name of God advises against looking for God within yourself. He says that's egotism. I start to feel afraid. Holiness doesn't have to reveal itself through thoughts. It won't reveal itself through water in the well, or writing, or pain, or even a miracle. Not through an animal or a tree or the moon or any object or person. What, then? The Buddhists say: *first, arrange your lips into a subtle, barely perceptible smile*. What'll it hurt? Try it.

The Buddha found God within himself. Inside a clear mind, God should have it pretty good. When I sit up straight, anchored, and don't pay attention to my thoughts, everything irrelevant disappears after a while, and God, of course, is as he was. I like knowing that he's there. I need him. But I can imagine worlds so transparent that even God disappears inside them.

GOD'S PUNISHMENT

Am I being punished for my heretical thoughts, and is this dream an absolution? What happened? Something was always happening, there was always something unsettling within people—someone suddenly shoved me in a circle and trapped me there. A teacher with a stern voice grabbed me by the hand. Her long sharp nails dug into my skin, pierced flesh, drew blood. The circle got smaller, I was held tightly so I wouldn't be able to protect myself or have any identity that could produce a scream—I did, though, have a dream. And that dream bore anger, which bore a cry, which bore a song, which the sorcerer Don Juan might call a song of strength, since it kills everyone. Such is the order of things.

mieście, a w jednym z nich siedzi małe dziecko, chłopczyk i czyta książkę o wojowniku, który obelgi zmazuje krwią—bo taka jest kolej rzeczy.

Wracam do pracy w Głównej Komisji Badania Zbrodni Hitlerowskich. Wprost nie do wiary, że mi się to śni. Piszę na ogromnej elektrycznej maszynie osiem godzin dziennie. Ważę coś, aby wiedzieć, co ma jaką wagę, a następnie stawiają mnie pod mur—proszę, aby ktoś podtrzymał dziecko, które noszę na plecach, bo się zsuwa—nikt nie reaguje. Dwie Rosjanki namawiają mnie do pisania testamentu, choć żadna nie rozumie w pełni znaczenia tego słowa. Po schodach nadchodzą bandyci. Słyszę kroki. Boję się. Wysilam pamięć: już tak kiedyś było.

NIE ZNAJDOWANIE SŁÓW

Tym razem nawet nie próbuję znaleźć słów na wyrażenie tego, co odpowiadałoby kształtom tego snu. Niektórzy myślą, że wystarczy rozumieć słowa, a to, co powiedziane czy napisane, będzie czymś. Do tego nieporozumienia doszło, jak sądzę, z powodu traktowania słów jakby raz na zawsze były tym, co oznaczają, rzeczami, ludźmi, zwierzętami czy Bogami. Tymczasem istnieje pewna sekretna doktryna słów o wielu stopniach wtajemniczeń, która mówi, że każde słowo w subtelny sposób określane jest przez jedną jedyną chwilę, której służy, a ponadto żadne słowo w żadnej chwili nie istnieje obiektywnie. Reguła ta odnosi się do najgłębszej istoty słów, do ich najbardziej rdzennej, pierwotnej natury i wszystko, co wypowiadane, mimowolnie z niej wynika. Dlatego czasami traktuję słowa jak powietrze: coś bezkształtnego, bezcennego, ulotnego. Lekko rzucone na wiatr, przez chwilę cieszą umysł jakby były prawdziwsze niż on sam, jednym podmuchem zdolne stworzyć sen czy całą rzeczywistość. Następnie opadają. O nic już nie dbają. Pod gołym niebem życie słów podobne jest do życia ludzi.

In the waking world, it's hard to squeeze yourself through the eye of a needle or a basement window, if that's where the road takes you. I run away, no longer caring what will follow. The radio sings that there are good windows in good cities, and a small child sits in one of them, a boy, and he's reading a book about a warrior who avenges insult by drawing blood—because that's the order of things.

I return to work at the Head Committee for the Investigation of Nazi War Crimes. I'm astounded that this is what I dream. I use an enormous electronic machine to type eight hours a day. I weigh objects to find their weights, and then I'm ordered to stand against a wall—I beg for someone to take the child I'm carrying on my back because it's slipping—no one reacts. Two Russian women try convincing me to write a will, though neither of them fully understands what that word means. Bandits are creeping up the stairs. I hear their footsteps. I'm afraid. I force a memory: this has already happened.

NOT FINDING THE WORDS

This time, I don't even try finding the words to best describe the shapes my dreams take. Some people think understanding the words is enough, and anything that's said or written will turn into something. In my opinion, this misunderstanding started with people treating words as though they're invariably the things they refer to, the objects, people, animals, or gods. Meanwhile, there's a secret doctrine of words that we can't access until we pass through the many steps of an initiation, a doctrine claiming that every subtly defined word exists for the single moment it serves, and moreover, that no word in any moment exists objectively. This principle refers to the deepest sense of words, to their most rooted, primeval nature, the source of everything we utter unwittingly. That's why I sometimes treat words like air: something shapeless, priceless, fleeting. Lightly thrown up on the wind, they satisfy the mind as though they were truer than the mind itself. One gust, and they create a dream or a whole reality. Then they fall to the earth again. They cease caring about anything. Beneath the naked sky, the lives of words look no different from the lives of people.

CZARNA ROZPACZ

Wszystko, co mówię, może być użyte przeciw mnie: coś się stało, że naprawdę jest to w ten właśnie sposób używane. Mam wrażenie, że następuje powrót do składania ofiar w ludziach. Jadę autobusem przez ciemny tunel, jakiś mężczyzna ustępuje mi miejsca, bo podróż będzie długa. Ogarnia mnie czarna rozpacz. Fizycznemu bólowi można współczuć, ale rozpacz jest bólem bezcielesnym, nie ma więc dla niej odkupienia.

William Styron mówi, że to *dotyk ciemności*, nie wyżalony żal, nie przeżyta do końca żałoba, chęć samounicestwienia. Depresja długo krążyła po peryferiach jego życia. Postacie z jego książek popełniały samobójstwa, zwłaszcza kobiety doprowadzały się do zguby. W jego podświadomości już dawno odzywał się *instynkt depresji*, nie była mu ona obca. Aż w końcu zaczął kamienieć ze strachu, gdy słyszał krzyk dzikich gęsi. Budzić się przed świtem i w nadchodzący dzień patrzeć z przerażeniem.

Nie ośmielać się wezwać pomocy boskiej, jakby nie wierzyć, że Bóg może istnieć także dla mnie. Pocieszać się, że przynajmniej w hospicjach ludzie ludziom uśmierzają ból i przywracają godność ludzką. Nadludzkie cierpienie zakłóca życie wewnętrzne i sprawia, że stajesz się jak rzecz, nie możesz nawet ująć się za sobą. Złagodzenie bólu przywraca ludziom dostęp do siebie i to jest właśnie godność, która śmierć czyni mniej okrutną—a śmierć jest tym, co zawsze czuwa u wezgłowia.

OFIARY W LUDZIACH

Międzynarodowe sympozjum na temat śnienia odbywało się w kraju azteckim, którego współczesnej nazwy nikt nie zechciał podać. W przeddzień obrad zwiedzaliśmy ruiny pradawnej świątyni na szczycie wysokiej góry, okrągłą budowlę niemal pozbawioną ścian, z niewyraźnie mozaikowymi freskami pod sufitem. Ich zagmatwane linie, wspólnie z kilkoma zmurszałymi kolumnami, z trudem podtrzymywały dach. Posadzka w kolorze brunatnej krwi ułożona była w kolisty wzór,

DARK DESPAIR

Everything I say can be used against me: something must have happened, because what I say really is used against me. I have the feeling that people will once again start giving offerings. I'm on a bus driving through a dark tunnel, and a man offers me his seat because the journey will be long. I'm filled with dark despair. People can sympathize with physical pain, but despair is a pain without a body, so there can be no reprieve.

William Styron calls this a *touch of darkness*, grief not yet grieved, unfinished mourning, the desire for self-annihilation. Depression circled the periphery of his life for years. The characters in his novels tend to commit suicide; the women, in particular, have a drive for self-destruction. The *tendency toward depression* had been dwelling in his subconscious for a long time, it was nothing new. Until the moment came when he would freeze in terror upon hearing the calls of wild geese. Wake before dawn and look at the oncoming day with horror.

Not dare ask God for help, as though refusing to believe God exists for me. Cheer up at the thought of hospitals, knowing that at least there, people can find some relief from pain and regain their human dignity. Pain can be so bad, it erases your internal life, turns you into an object. You can't protect yourself. But if the pain is lessened, you regain access to yourself, which is the definition of dignity, which makes death less terrible—even while it's waiting patiently by your bedside.

HUMAN SACRIFICES

The international symposium on dreaming took place in the land of the Aztecs, the present-day name of which nobody cared to tell me. The day before the proceedings, we toured the ruins of an ancient temple on the peak of a tall mountain, a circular structure missing almost all its walls, with cryptic mosaic frescoes on the ceiling. Its muddied lines and few rotten columns struggled to hold up the roof. The floor, which was the color of brown blood, had a circular pattern. But it was completely

całkowicie nieczytelny z powodu piasku naniesionego przez wiatr i niszczącego upływu tysiącleci.

Ktoś próbował objaśniać ten wzór, kto inny od niechcenia ścierał piach, większość w znudzeniu rozglądała się po monotonnym płaskowyżu — gdy nagle, w sposób zupełnie niepojęty poczułam, że pod kamieniami podłogi, a może nawet głębiej, wewnątrz skał, odżywa jakieś gwałtowne, niemożliwe życie.

Nie wyobrażałam sobie, aby zostało tam uwięzione dobrowolnie. Pod stopami czułam niecierpliwe wydobywanie się. Chaos otchłani, której można było domyślać się w głębi góry, poruszał się jak żywa istota — jak niezliczona ilość żywych istot albo jak przeogromny duch — powodując pękanie sześcianów posadzki i unoszenie się powierzchni.

Trwoga, niszcząc zwykły porządek moich myśli, pozwoliła mi zrozumieć, że to duchy budowniczych świątyni z trudem odnajdują drogę do praw tego świata. Dla ich Boga życie znaczyło to samo co śmierć: celem życia była śmierć, należało więc zabijać je w chwili największej jego żywotności, w momencie najwyższej kulminacji, a zatem budowniczowie świątyni musieli zginąć dokładnie na sekundę, na mgnienie przed wiecznością — przed ostatecznością ukończenia swego dzieła.

Teraz, poprzez niepojęte ożywanie duchów, powracała również pamięć ciał — potworne zdumienie, jeszcze ufność, a już straszna krzywda, że miłość do życia żąda ofiar, że tak bardzo nas czyni swymi ofiarami. Wstrząśnięta, obudziłam się, słysząc krzyk. Długa bezsenność nie rozgrzeszyła mnie z tego krzyku.

Następnie śniłam noc, gdy wszyscy śpią, a poprzez rozległość płaskowyżu ten krzyk przemienia się w pieśń. W rytmie tej niesamowitej, podziemnej muzyki była groźba, żal, i nieskończone, bezbrzeżne zdumienie, że na tym to wszystko polega. Coraz wyrazistsze głosy śpiewały o ofiarach miłości i zaufania, których domaga się Bóg. Rankiem zorientowałam się, że nikt oprócz mnie nie pamięta i nie powtarza tego śpiewu.

Wbrew tej niepamięci, z sufitu w hotelowym holu zwieszono jednak drewnianą huśtawkę. Uznałam to za interwencję snu. Małe miejscowe

illegible from the sand the wind had blown in and the corrosive passage of the millennium.

Someone tried explaining the pattern to me, someone else tried casually brushing away the sand, most people looked around the monotonous plateau, bored—when suddenly, implausibly, I felt some intense and impossible being coming back to life beneath the stone floor, or maybe even deeper down in the mountain.

I couldn't imagine that it had become a prisoner willingly. I could feel it under my feet, trying impatiently to escape. The chaos in the abyss, which I assumed lay deep in the mountain, started to move like a living being—like innumerable living beings, or like one enormous spirit—and it caused floor to crack and the ground to lift.

My terror made my thoughts scatter, it told me that the temple builders' spirits are struggling to find their way to the new laws of this world. In the eyes of their God, life was the same as death: the purpose of living was dying, which meant people had to be killed when they were strongest, at their zenith, and so the temple's builders had to perish in the precise moment, in the very instant before eternity—in the second before their work was finished.

Now that the spirits have revived incredibly, the memories in their bodies come back too—the monstrous astonishment, faith, and great wound of knowing that cherishing life means making sacrifices, that life makes sacrifices out of us all. I woke up shaken, hearing a cry. And even a long bout of sleeplessness didn't banish it.

Next, I dreamed it was night and everyone was sleeping, and the cry stretched across the plateau and became a song. It was incredible, this subterranean music; its rhythm held menace, sorrow, and an endless, boundless astonishment that everything depends on just this. With ever-greater clarity, voices sang of the sacrifices of love and trust that God requires. Come morning, I realized that nobody but me remembered the song, and only I could repeat it.

As though to defy this loss of memory, a wooden swing hung from the

dziewczynki siadały na niej i w powolnym bezwładzie huśtały się z jednej strony w drugą. Po jednej stronie świat wydawał się taki, jaki zawsze był—po drugiej zjawiało się jednak coraz więcej duchów. Dziewczynki rozhuśtywały się coraz bardziej, w końcu liny oderwały się od sufitu i dzieci poszybowały powietrzem, i spodobało im się to! Szybowanie było tak łatwe i absurdalne jak jazda rowerem bez trzymania albo mknięcie na nartach przez śnieg i, co najważniejsze, z ogromną prędkością uwalniało świat—już nie potrzebował ani jednej strony, ani drugiej, ani nawet trzeciej.

ZACIEMNIENIE ŚWIATŁA

Od kiedy coś się stało, to znaczy od wtedy, gdy życie przekonało mnie, że nie potrafię przed nim się obronić, często losuję heksagram *Zaciemnienie światła*. (…) *Słońce tutaj zapadło pod ziemię, dlatego pociemniało*. (…) *W czasach mroku trzeba być przezornym i powściągliwym* (…). *Wpierw wzniesie się on ku niebu, potem w głąb ziemi runie*—to już było, już się śniło, biały koń pofrunął powietrzem, potem spadł i zabił się na miejscu. *W końcu jednak ten ogrom ciemności ma zginąć z własnego powodu— bowiem zło musi runąć w tej samej chwili, kiedy całkowicie pokonując dobro, równocześnie pochłonie energię, której dotąd zawdzięczało swe istnienie.*

Przez nieuwagę zostawiam w autobusie plecak, a w nim wszystkie dokumenty. Zgłaszam w urzędzie zaginięcie dowodów tożsamości, ale nikt nie bierze tego poważnie, bo nie mam czym udowodnić, że to ja. Może więc to nie ja budzę się i w lustrze ledwie widzę się na oczy, i nie mam dość odwagi, aby odebrać pieniądze, które zarobiłam? Gdy losuję heksagram—znowu jest to *Zaciemnienie światła*. Oto: *Człowiek znajduje się w pobliżu ośrodka ciemności, dlatego poznaje idące stamtąd najtajniejsze myśli. W ten sposób wie, że nie należy już spodziewać się poprawy i zostaje mu tylko w porę opuścić miejsce przyszłego nieszczęścia.*

hotel corridor's ceiling. I knew my dream was intervening. Little girls who lived nearby sat on the swing and swung from side to side, slowly and sluggishly. On one side, the world looked as it always did—on the other, more and more spirits kept appearing. The girls started swinging faster and faster, until finally the ropes broke free from the ceiling, and the children glided through the air, and found they liked it! Gliding was so easy and absurd, like riding a bike with no hands, or skiing fast through the snow, and most importantly, the motion was freeing the world faster than anyone could imagine—there was no need for one side or the other anymore, not even for a third.

THE DARKENING OF THE LIGHT

Ever since something happened, that is to say, from the moment life convinced me that I can protect myself against it, I've been casting the hexagram, *The Darkening of the Light* (...) *The light has sunk into the earth, and it's dark* (...) *In a time of darkness it is essential to be cautious and reserved.* (...) *At first it'll travel across the sky, then fall deep into the earth*—which already happened, I already dreamt it, a white horse flew into the sky, then crashed down to earth and died on impact. In the end, the great darkness will end on it own— for evil must itself fall at the very moment when it has wholly overcome the good, and thus consumed the energy to which it owed its duration.

All it took was a moment of inattention, and I left my backpack on the bus. All my documents were in it. When I file a report in the agency for lost identity papers, no one takes me seriously because I don't have the documents to prove that I'm myself. Could that mean that the woman who wakes up each morning and has trouble seeing herself in the mirror, the woman who can't even find the courage to pick up her own paycheck, isn't me? I cast a hexagram—it's *The Darkening of the Light* again. It tells me: *We find ourselves close to the commander of darkness and so discover his mot secret thoughts. In this way we realize that there is no longer any hope of improvement, and thus we are enabled to leave the scene of disaster before the storm breaks.*

SKRÓCONA TEORIA POCHODZENIA ŚWIATA

Napisałam prawie niewidzialną świecową kredką na ścianie—raz niebieską, raz żółtą—że ich wszystkich opuszczam bez pożegnania, moja wina. Wróciłam do nędznej pracy w nudzie, w socjalizmie. Na portierni leżały wciąż te same numery *Literatury na świecie*, a w nich dwuodcinkowa, rewolucyjna teoria pochodzenia świata bez życia, której ani wtedy, ani teraz nikt nie znał i nie czytał. W największym skrócie chodziło o komórki mające zdolność pożerania i trawienia pewnych części organizmu świata, a dokładnie o fagocyty wyspecjalizowane w pochłanianiu tego, co wiąże się z domeną Ryb. W końcu tego zabraknie i nikt nawet nie spostrzeże, jak umrze życie na Ziemi, a w zamian powstanie świat bez życia.

Padają na ten świat śniegi większe niż myślałam. Kałuże szybko zmieniają się w lód. Przez jakiś czas trzeba brnąć, trzeba grzęznąć, tracić świadomość gruntu pod nogami. Szpital przy Banacha, gdy go mijam, znika zapadając się pod ziemię. W świecie bez Ryb nie może być szpitali, więzień, klasztorów, bezludnych wysp ani żadnych innych miejsc odosobnienia. Obejdzie się też bez wiary, nadziei, miłości, tych codziennych cnót, które nas, z lekkim niepokojem, utrzymywały dotąd na powierzchni. Nie będzie poezji, tańca, nieznanych światów innych sztuk. Mistyki, fizyki, muzyki, magii, oceanicznych wód—a zatem również snów, które w pewien szlachetny sposób także są oceanami. Przez szybę mijanej restauracji nie zobaczę już kobiety pijącej szampana—znikną alkohole. Nikt nie spróbuje szmuglować narkotyków, nie stworzy też nowej, wspaniałej wizji świata. I prawdopodobnie nikt nie zauważy, gdzie podział się Bóg. Już teraz trudno się czasem zorientować.

JAKO O NIEBIE, TAKO O ZIEMI

F mówi, że wstaję rano owczym pędem. Po śniegu biegam w dziurawym, niebieskim swetrze, w środku mam tylko organizm i ból. Biegnę tak daleko, aż tracę siebie z oczu, bo w tym świecie, do którego przynależy śnieg, nie wolno zajmować się sobą, chociaż nie ma innej możliwości.

A SHORTENED THEORY OF THE ORIGIN OF THE WORLD

I was writing on the wall with a glowing and fading piece of chalk—sometimes in blue, sometimes in yellow—that I was leaving without saying goodbye, that it was no one's fault but mine. I went back to my miserable job, Communist and dull. I noticed the same issues of *Literature in the World* lying in the porters' lodge, the ones describing a revolutionary two-part theory of the origin of a lifeless world, which nobody, neither now nor then, had ever found or read. To summarize it briefly, the theory involved cells consuming and digesting certain parts of the living world. To be more specific, phagocytes specialized for consuming everything in the domain of Fish. There won't be anything left in the end, and no one will even notice how life on Earth is dying, how a lifeless world is arising as a replacement.

The snow is deeper than I can imagine. Puddles turn to ice in an instant. I wade through it for a while, sink into it, forget about the ground beneath me. The hospital on Banacha Street disappears when I walk by, collapsing into the earth. If the world has no Fish, it can't have hospitals, jails, cloisters, deserted islands, or any other place a person can be alone. We'll have to do without faith, and hope, and love, those everyday virtues that sustained us here on earth, even when causing some discomfort. We won't have poetry or dance or even other arts yet unknown to us. We won't have mysticism, physics, music, magic, or oceanic waters—or dreams either, which are oceans too, in some sense. I won't see that woman in the restaurant window drinking champagne anymore—alcohol will vanish. People won't smuggle drugs, but people won't create wonderful new visions of the world, either. And it's likely that nobody will notice where God went. Sometimes, it's hard to know already.

ON EARTH, AS IT IS IN HEAVEN

F says the sun is rising like a lemming. When the blizzard's over, I start to run. I'm wearing a threadbare blue sweater that covers my pain and my body, and I run so long that I lose sight of myself; this is a world of snow, and you're not allowed to take care of yourself, even if you have to.

Chucham w ręce: jestem taka jak wszystko. Kimkolwiek jestem, jestem ja. Musi mi się to utrwalić przynajmniej na dziś. Niebo nie jest jeszcze do końca przetarte z ciemności; jako o niebie, tako rozmyślam też o ziemi.

W gazecie pełno słów. Niektóre pomijam, inne wycinam, odkładam na potem. Wiadomości, złożone ze słów, nie mają wielkiego znaczenia, najchętniej wybieram pojedyncze słowa. Używam ich później oszczędnie, jak polarnik wysłany na śnieg, gdzie nic samo z siebie nie powstaje—lecz tak się tylko zdaje, bo właśnie coś w środku zimy prześwietliło niesamowitą aureolą dwunastopiętrowy dom naprzeciwko.

Tym razem niebo nie jest żadną metaforą, to blady błękit, lekko zamglony na krawędziach. Im dalej, tym bardziej płaski się wydaje w otoczeniu pierzastych chmur. Tutaj, blisko, nie ma nic. Bliskie wzory nieba byłyby bardziej nieregularne, wielokształtne—w oddali pozornie się spłaszczają. Jeśli pozornie, to jak byłoby naprawdę: nie ma naprawdę, mówi F. Wydaje się, jakby to było latem, jakby to był ciepły, letni dzień, tymczasem niech ręka boska broni drzewa przed wypuszczaniem liści! Wzlatuje jednak odrzutowiec! Obserwuj! Zakręcił, poleciał w pole chmur! Bo tam, gdzie nie widzimy, jest całe wielkie pastwisko niebieskie, na którym samoloty popasają, gdy ludzie zasłaniają okna.

POLA SNÓW

Z poetycznych dyskusji między fizykami wynika, że wszechświat składa się z pól, a pola organizują materię czy raczej energię—według pewnego ukrytego wzoru. *Elektrony poruszane są jakąś wewnętrzną racją*, mówią fizycy, tak jak mówili niegdyś zwykli ludzie, gdy myśleli, że wszystko porusza się samo.

Pola obejmują wszystko. Jedno pole zanurzone jest w drugim, istnieje mnóstwo pól. Każde wywiera wpływ na to, co znajduje się w jego obrębie. Stwarza nas i organizuje, tak jak i my je stwarzamy i organizujemy. Definicja pola przypomina definicję Boga, gdyż pola też nie mają środka ani peryferii, ani granic, przenikają wszystko i same są przenikane. Wynika stąd, że to, co dzieje się z nami, jest zarówno wydarzeniem wewnętrznym, jak zewnętrznym, a każde wydarzenie jest tylko rysunkiem

I blow into my hands: I am like everything. Whoever I am, I'm me. I have to remember that, at least for today. The sky isn't completely dark yet: I think, in heaven, as it is on Earth.

There's a multitude of words in this magazine. Some I ignore, some I cut out and put away for later. The news the words make up don't interest me, I'm more excited about the words themselves. I'll use them eventually and sparingly, like an Arctic explorer sent to the snow, where nothing comes out of nowhere—but that's only an illusion. There's a twelve-story house up ahead, and something in the snow just illuminated it with a stunning halo.

This time the sky isn't a metaphor, but a pale blue, lightly blurred at the edges. The farther it goes, the flatter it seems, surrounded by feathery clouds. Here, up close, there's nothing. If the shapes in the sky were closer, they'd be more irregular and varied—in the distance, they seem flat. If that's the way it seems, it must be true: there is no truth, says F. It seems like summer, like a warm, summer day, and God forbid the leaves fall! A plane is rising! Look! It made a turn, it flew into the field of clouds! Because out there, in a place we can't see, there's a whole blue pasture where planes graze as soon as we draw our curtains.

FIELDS OF DREAMS

When physicists talk of poetry, they say that the universe is composed of fields, and fields organize matter, or rather, energy—according to a certain secret pattern. *Electrons move according to internal logic*, say physicists, just like ordinary people once said, back when we thought everything moved on its own.

Fields encompass everything. One field is submerged in another, there are masses of them. Every one exerts an influence on what's near it. They create and organize us, just like we create and organize them. The definition of a field isn't unlike the definition of God: since fields also don't have a center, a perimeter, or borders, they permeate and are permeated by everything. Thus it follows that whatever happens to us happens on both an internal and an external level, and every incident is

na tle, chwilowym stanem rzeczy. Chińczycy wiedzą o *smoczych linach*, które przebiegają świat i wyznaczają naturalny porządek niezliczonych losów. Rysują pola, zakola, drogi, strumienie, wzory. Ale tak naprawdę pola najbardziej przypominają sny. Powstają nieświadomie, bezwiednie jak sny, ich tajna rzeczywistość składa się ze snów, które wnikają jedne w drugie, krążą, rozwijają się—i wciąż się zmieniają, jak pogoda, jak duchy, jak chmury.

TO JEST NAPRAWDĘ

To jest naprawdę, ale tak dziwne, dziwne, dziwne, jakby mnie oszukało: poszłam do pokoju F z ułamanym chlebem cebulowym i nakruszyłam, i okruszyny ułożyły się we wzór, i powiedział zostaw, zostaw to—a potem ten sam wzór pojawił się we śnie, na śniegu, gdzie leżała umierająca heroinowa narkomanka. Z najwyższą pogardą próbowano ją ratować, a ktoś—według tego samego wzoru—podzielił śnieg na dwie części: na jej część, odrażającą i pochyłą, i na wzniosłą część ogólnoludzką. Aż mróz wstrzymał oddech i zatrzymał świat. Nie do wyobrażenia, aby ktoś to przeżył.

Rano w książce Olgi Tokarczuk znajduję przepis na tort muchomorowy. To nie jest naprawdę, to jest żart, mówi F—*trzy dojrzałe, barwne kapelusze muchomora, dwie i pół szklanki cukru*—wydaje się to bardzo dużo.

Ktoś ufny przyrządzi to sobie i naprawdę zje. Gdyby to się zdarzyło bardziej latem niż zimą, mogłabym się nie powstrzymać w nowym, potężnym przebłysku rozpoznania, że nic, żaden muchomor nie jest marnością, że niczego nie sposób odrzucić, niczego poniechać, z niczego zrezygnować. F uważa, że gdyby człowiek brał życie poważnie, powinien właściwie jeść te muchomory, bo ono nie zasługuje na nic więcej, taka jest w tym przepisie nie wprost wyrażona prawda—ale życie jest paradoksem, nie bierz tego serio, jeśli ona naprawdę je te muchomory, to ja jestem świętym tureckim albo jakimkolwiek. Nie biorę więc tego serio, biorę to jakie jest i myślę, jak te muchomory jeść, żeby życie przekonać do siebie—żeby przybyło, żeby spróbowało, zobaczyło.

merely a sketch on a background, a momentary state. The Chinese write of *dragon lines* that cross the earth and delineate innumerable destinies. They create fields and bends, paths, streams, and patterns. But above all else, fields resemble dreams. They arise as unconsciously and unwittingly as dreams, their secret reality is composed of dreams, which permeate one another, circle around each other, unwind—and are always changing, like the weather, like spirits, like the clouds.

IT REALLY HAPPENED

It really happened, but it's so strange, strange, strange, that maybe I was tricked: I went into F's room with a piece of onion bread, I dropped crumbs everywhere, and the crumbs arranged themselves into a pattern, and the pattern told me, leave it, leave it all behind—and then the same pattern turned up in a dream, in the snow, where a heroin addict was dying. People were disdainful but tried to save her, and someone—using this same pattern—divided the snow into two parts: into her part, unpleasant and sloping down, and into a part raised higher for everyone else. Even the frost held its breath and put the world on pause. Believe it or not, someone experienced this.

In the morning, I find a recipe for a poisonous mushroom cake in a book by Olga Tokarczuk. It's not for real, it's a joke, says F—*three ripe, colorful poisonous mushroom caps, two and a half cups of sugar*—that seems excessive.

One day I'm sure some credulous person will really bake such a cake and eat it. If it were summer instead of winter, I might not be able to stop myself, considering my sudden intense clarity of knowing that nothing, no poisonous mushroom, is a waste, that you shouldn't throw away, abandon, or refuse anything. F thinks that if a person takes life seriously, they should eat the mushroom, because life doesn't deserve any better, that's the simple truth of the recipe—but life is a paradox, don't take it seriously, if she really eats poisonous mushrooms, I'll eat my hat. So I don't take it seriously, I take it like it is, and wonder how I can eat those mushrooms to lure life in—to convince it to come, to try, to see.

MAGIA I MGŁA

Samolot, w którym byłam, skręcił we mgle na wschód. Wylądowaliśmy na starej stacji kolejowej w pobliżu nieczynnej kopalni w Kuzbasie, między szczątkami żelaznych monstrów porzuconych zielskom na żer. Ten świat—świat starej stali, ruin i klęsk—wciągnął do snu następny świat i zobaczyłam, że przez poligon atomowy idą rzędem, jak w rytualnej misji, trzy prędkie kobiety. Jednej i drugiej coś opowiadam: jestem trzecią. Gdyby Bóg mnie naprawdę kochał, mówię, to by tutaj był! Ułożyłabym mu modlitwę. Zrobiłabym spis swoich grzechów. Czy to właśnie miasto, gdzie umarł? I to jeszcze jak! Zamiast odpowiedzi pokazał się trzeci świat, i była to jawa.

Tę jawę pozbawiono tym razem i ziemi, i nieba. Wszędzie, jak podczas zimy w Rosji, biel. Rano widzę tylko jedno rozrzedzone światełko nad szewcem. Niektórych cieni ledwie się domyślam. Wszelka niezbędna wiedza jest dziś magiczna, bierze się z niczego. Nie wiem, co to wszystko ma znaczyć. Z braku widoków powstaje monotonny szum. Stały, złowrogi odgłos przesuwa się w kierunku Okęcia po powierzchni, której nie ma. Lecz wielka jest wiara w asfalty, w ziemię, która zawsze gdzieś przecież musi być—nawet jeżeli na jakiś czas została nam odjęta, święta.

JUŻ TAK KIEDYŚ BYŁO

Skuszona przez Ewę, jadłam jabłka. Już tak kiedyś było. Tym razem wyciągałyśmy je z papierowej torby i gryzłyśmy naprzeciw kościoła, gdzie kobiety-archiwistki zwołały konferencję prasową, aby ogłosić jakieś swoje prastare rewelacje. Przy okazji w bibliotece parafialnej, na półce nad *Biblią* odkryłam księgę pt. *Prawda*. Może nie do końca była to prawda, może była to prawda inna niż się spodziewałam—litery układały się w kształt prawdy trochę niepoprawnie—lecz dało się z nich wyczytać unikalne opisy plemienia Istnieńców, które swoją labiryntalnością przewyższały wszystko, co kiedykolwiek opisano jako prawdę. Były tam więc zwierzęta, rośliny, ludzie, demony, anioły, wszystkiego, jak w arce, po dwa. Były światy Górne i Dolne, Wewnętrzne i Zewnętrzne, istoty organiczne i nieorganiczne przedstawione w różnych apokaliptycznych

MAGIC AND MIST

My plane turned east into the mist. We landed in an old train station near an abandoned mine in Kuzbas, among pieces of iron giants left for the weeds to feed on. This world—a world of old steel, ruin, and failure—dragged another world into my dream, and now I see three women walking quickly across the nuclear testing ground, one after another, like they're on some routine mission. I'm talking to the first and second ones: I'm the third one. If God really loved me, I say, he'd be here! I offered him a prayer. I drew up a list of sins. Is this the very city he died in? And how! Instead of an answer, a third world appeared, and it was the waking world.

This waking world didn't have an earth or sky. Everything was white, like in a Russian winter. In the morning, the only light I see is the weak one coming from the shoemaker's. I can barely guess at certain shadows. Everything I need to know is magical today; it comes from nothing. I don't know what this means. A monotonous hum rises out of the lack of landscape. The constant, sinister sound moves toward Okęcie across a surface that doesn't exist. But we have our faith in asphalt, in earth, which always has to be somewhere, after all—even if it's taken away for a moment, extricated, consecrated.

THIS ALREADY HAPPENED

Tempted by Eve, I ate the apples. It wasn't the first time. This time, we took the apples out of paper bags and bit into them across the street from the church, where a group of female archivists had called a press conference to announce their ancient revelations. Meanwhile, in the parish library, on a shelf above the Bible, I found a book titled *Truth*. Maybe it wasn't the complete truth, and maybe it was different than I expected—the letters arranged themselves into the shape of truth a little inconsistently—but I could still make out the distinctive writings of the Extant tribe who, in their labyrinth-like ways, surpassed anything ever passed off as truth. The book contained plants, animals, people, demons, angels, two of everything, like in the ark. There were High and Low, Internal and External worlds, organic and inorganic beings, all

sytuacjach. W ostatnim rozdziale zebrano prawdy zbędne, które jednak w rzeczywistości mają solidne oparcie. Jedna z nich mówi, że życie jest tylko chwilą, a człowiek człowiekiem, należy więc uznać przewagę świata, który zawsze będzie nas czynił swymi ofiarami. Zawsze tak było, będzie i jest. Szaman istnieński powiedział w transie, że świat na ogół chce dobrze—ale nie potrafi.

ŚWIĘTA

Widząc wzory na szybach, postanowiłyśmy według nich świętować śnieg. Ubrałam się w białego futrzanego misia, świeżo oczyszczonego w pralni i wynajęłyśmy w górach pensjonat do zabawy. Natychmiast położyłam się na jednym z łóżek i zasnęłam. Śniło mi się o dwu latach ciemności wyłażącej z waliz! Obudziłam się: *tak, tak, sny zawsze mówią prawdę*, potwierdziły Rosjanki, które razem ze mną oglądały te sny. Patrzyły w lustro nakładając połyskliwe stroje, powlekając usta szminką, były tak piękne, że lustra same się przed nimi otwierały—i można tam było wejść. A potem uczesały się jak dzieła sztuki. Na półmisku położyły rybę. Klasnęły i pojawiły się prezenty, a na podłodze ciepły, śnieżny puch. Otrzymałam duży wór laskowych orzechów do zgryzienia. Jakby tego było mało, musiałam w pośpiechu wyjeżdżać gdzie indziej.

Wylatywać w ostatniej chwili. Dowiadywać się, że to wcale nie muszę być ja. Nie wiadomo, martwić się czy cieszyć—*zawsze i wyłącznie się cieszyć*, powiedział głośno sen. Cały plac Konstytucji udekorowano winogronami, przystanki tramwajowe stoją w lambrekinach oplecionych liśćmi! Owoce są słodkie, bardzo słodkie. Zdejmuję kiść i smakuję: może trochę ścięte przez mróz. Zawsze ma być Święto Winorośli, odkąd Chrystus powiedział, że jest krzewem winnym. Bez oglądania się na nic i na nikogo, wszyscy mogą to święto śnić.

in different apocalyptic situations. The last chapter was a collection of useless truths that still had a solid footing in reality. One of them states that life is merely a moment, and a person is a person, and therefore we must accept the primacy of the world, which will always offer us up as sacrifices. That's the way it always was and will be. In a trance, the extant shaman said that the world generally wants to do good—but often isn't able.

HOLIDAYS

When we saw the patterns on the windowpane, we decided to celebrate the snow. I put on a white bearskin, freshly dry-cleaned, and we rented a cabin in the mountains to have a party. The moment we got there, I laid down on one of the beds and fell asleep. I dreamed that two years of darkness were creeping out of the suitcases! I woke up: *yes, yes, dreams always tell the truth*, confirmed the Russians, who were watching the dreams alongside me. They were looking at themselves in the mirror as they put on their glittering costumes and lipstick, they were so beautiful that the mirrors opened right up for them—you could walk right into them. Then the Russians arranged their hair into works of art. They placed a fish on a platter. They clapped, and presents appeared, and there was a warm dusting of snow on the ground. I received a large bag of hazelnuts to munch on. As if that weren't enough, I had to quickly travel somewhere else.

I had to fly away at the last minute. To realize that I don't need to be myself. I don't know whether to worry or celebrate—*always and only celebrate*, the dream declared. Constitution Square was decorated in grapes, the tram stops were draped in labrequins of braided leaves! The fruits are extraordinarily sweet. I pull off a bunch and taste them: maybe they're a little sour from the frost. Every day should be the Day of Grapevines—Christ said he was a vineyard, after all. And anyone can dream up this holiday, all on their own.

WINOGRONA C.G. JUNGA

Winogrona zwarzone przez mróz znalazłam w opisach snów Junga sprzed wojny 1914 roku: *...na wiosnę i wczesnym latem 1914 roku trzykrotnie nawiedził mnie sen o tym, że w samą pełnię lata wdziera się arktyczne powietrze i ziemię skuwa mróz. (...) Za trzecim razem znów wdarło się niesamowite zimno, jakby z przestrzeni międzygwiezdnych, lecz ten sen miał niespodziewane zakończenie: oto ujrzałem drzewo, ulistnione, lecz bez owoców (...), mróz jednak sprawił, że liście przeobraziły się w słodkie winogrona, pełne leczniczego soku. Zrywałem kiście i rozdawałem je wielkiej rzeszy ludzi, która cierpliwie na nie czekała.* I doczekała się.

TE SNY

Tam, skąd przychodzą te sny—sny o sprawach i rzeczach tak starodawnych, że cała ludzkość musiała mieć z nimi nie raz do czynienia, wiedza jest niepodobna do tej, którą wiemy teraz. Oni tam myślą, że każdy człowiek wie wszystko, my jednak niewiele mądrego zapisujemy w naszych księgach. Wiem, że przyśniona mi wiedza obiecuje więcej niż potrafię znieść, że postacie z moich snów są mną, lecz nie tylko mną, że ktoś w zamierzchłości powiedział im: *idźcie i mnóżcie się*, poszły więc i stworzyły nieoświetlony nocą świat snów, którego nie mogą teraz zniszczyć ani trzęsienia ziemi, ani bomby, ani pojedyncze osoby, ani cywilizacja jako taka. Kobieta z Wroną, która o tym mówi, czasem przybiera zwyczajny, widzialny kształt. Siedzi teraz z kruczoczarnym bagażem na drewnianej ławce i czeka na samolot.

Śniłam, że to wcale nie muszę być ja. Kobieta wyjeżdża nauczać o piśmie, o tym, jak się zmieniało od czasów starożytnych poprzez różne inne. Śmieje się, że na starość uzdrawia pismem. Pytam, co robi, że skupia wolę liter tak, aby stworzyły kunszt? Po prostu piszę, mówi. Czasami czuję lęk. Jak wszyscy, którzy czują pismo. Podobnie jak ty.

THE GRAPES OF C. G. JUNG

I found frost-bitten grapes in what C.G. Jung wrote about his dreams before the 1914 war: *in the spring and early summer of 1914, I had a thrice-repeated dream that in the middle of summer an Arctic cold wave descended and froze the land to ice. (...) In the third dream frightful cold had again descended from out of the cosmos. This dream, however, had an unexpected end. There stood a leaf-bearing tree, but without fruit (my tree of life, I thought), whose leaves had been transformed by the effects of the frost into sweet grapes full of healing juices. I plucked the grapes and gave them to a large, waiting crowd.* They waited, and then got what they were waiting for.

THESE DREAMS

These dreams—dreams about matters and things so ancient, all of humanity had to contend with them at some point—come from a place where knowledge is different. There, it's believed that everyone knows everything, and yet somehow our books don't show it. I know the knowledge I dream promises me more than I can handle, that the figures from my dreams are me, but not exclusively, that long ago someone told them: *go forth and multiply*, and so, one dark night, they did. They created a world of dreams that nothing can shatter, not earthquakes nor bombs nor individuals nor even a civilization, says the Woman with the Crow. Sometimes she takes on an ordinary shape everyone can see. Right now she's sitting on a wooden bench with a raven black suitcase at hand, waiting for a plane.

I dreamed that it isn't me, necessarily. The woman was going on a trip to lecture about writing, about how it's changed between ancient times and all other times. She laughs that, in her old age, she heals through the written word. I ask, how does she muster together the wills of words to make art? I simply write, she says. Sometimes I feel anxious. Everyone who feels the written word does. Including you, most likely.

ZAMIAST SNU

Czasem sny są pocztówkami z nieświadomości, które ktoś mi śle. Daje znak, że tam jest. Ale kto to jest? Po latach niebytu przybywa z końca świata ktoś, kto mnie dobrze znał, kto mnie kochał i jeszcze o tym nie zapomniał—przylatuje we mgle, którą śniłam. Wszystko dzieje się tak, jak wtedy. Znów pełno rodziny, dzieci, psów. Opowiadamy sobie, co było, kiedy nas nie było: powstaje dzięki temu jakiś tymczasowy albo zapasowy świat, w którym możemy mówić do siebie, jakby to było wczoraj—stąd wiem, że wczoraj o niczym się specjalnie nie mówiło.

Śni mi się potem błotnista, ciemna woda. Nagle błotnistość znika, a poprzez wodę—czystą i przezroczystą, można zobaczyć wszystko do dna, drobne kamyki, muszle, monety i starą, zatopioną francuską fregatę, lekko przechyloną, ale jeszcze w dobrym stanie. Dzięki temu wiele się wyjaśnia.

I po paru dniach samolot do Nowego Jorku odlatuje tak nagle, jak przyleciał. Podnoszę z ziemi czarny kamień z białymi liniami, dobry, okrągły prezent na kolejne pożegnanie. Są to *smocze linie*. Będą odtąd okrążać świat. Wyruszają od razu, początkowo trzymając się słupów elektrycznych, szos i wysokich wież. Następnie zakręcają. I znowu zakręcają. A potem zakręcają jeszcze bardziej.

SNY ZAKRĘCONE JESZCZE BARDZIEJ

Wmieszane w tłum miejscowych snów, krążą za siedmioma górami i lasami. Wołam w głąb króliczej nory: czy tam naprawdę nie ma nikogo? Nie ma—odpowiada mi się. A przecież to angielski hotel, ktoś tam powinien być. Wsiadam do windy z francuską książką w ręku, jest to zbiór wierszy pt. *Tortury i alkohole*. Niespodziewanie zjeżdżam w dół. Winda jest własnością włoskiego przedsiębiorstwa *Zdradliwe Tajemnice*. Stamtąd udaję się do galaktyki zamieszkanej przez istoty z wody. Następnie do Suwałk: coś oderwało się od Kosmosu i może spaść: Czytam list do Nieba, bo Niebo to też świat: *Proszę o wolność na Ziemi i zdrowie dla mojej rodziny i zwierząt*—przy okazji dowiaduję się, że ci,

INSTEAD OF DREAMS

Sometimes dreams are postcards from the unconscious. Someone's sending them to me, alerting me to his presence. But who is he? After years of nonexistence, someone from the end of the world arrives, someone who knew me well, who loved me and still remembers—he flies into the mist I dreamed. Everything happens the same way it once did. The crowds of family, the children, the dogs. We catch each other up on what happened while the other was absent: an ancillary world exists for a while, and in it we can talk like it was yesterday—which is how I know that, yesterday, we didn't talk about anything important.

Then I dream of dark, muddy water. After a moment the muddiness disappears, and if you peer into the clean, transparent water, you can see everything at the bottom, the small stones, muscles, coins, and an old, sunken French frigate, slightly lopsided, but otherwise in good shape. Many things come to light like this.

And a few days later, the plane to New York flies away as suddenly as it flew in. I pick up a black stone with white lines from the ground, a good, round present for my next goodbye. The lines are *dragon lines*. They'll begin from here and encircle the world. They take off at once, clinging to utility poles, roads, and tall towers at first. Then they make a turn. And then another. And then they'll just keep turning.

DREAMS THAT KEEP TURNING

Lost in a swarm of homegrown dreams, they roam in a land past seven forests and seven hills. I yell into a dark rabbit hole: is there really no one there? No one—comes the reply. But this is an English hotel, someone ought to be here. I step into an elevator with a French book under my arm, it's a collection of poetry titled *Torture and Alcohol*. Unexpectedly, the elevator goes down. It's owned by an Italian firm called Dangerous Secrets. I end up in a galaxy populated by water and living beings. Then I go on to Suwałk: something tore away from the Cosmos and might fall here at any minute. I read a letter to the Sky aloud, because the Sky is part of the world too: *I wish for freedom on Earth and good health for my*

co wyjeżdżają do Danii, umierają na gruźlicę. Ze Szczecina wracają cało. Kogoś szukam w marsylskim porcie. Inżynier z Moskwy, który przepadł bez wieści, odnajduje się nagle na Półwyspie Kola. Czeska aktorka kupuje nowiutki polski samochód *syrena*. W pobliżu Hotelu Europejskiego spotykam buddyjskiego mnicha z policzkiem umazanym czerwienią, jakby pocałowała go kobieta—albo jest to krew. Nie mam pewności. Wtedy ktoś z amerykańskim akcentem woła wielkim głosem: *o, czy to już właśnie koniec ewangelii?*

Skąd biorą się takie rzeczy? Umarł król Jordanii Husajn i ciekawe, co umarło wraz z nim. Na pogrzeb zjechali wszyscy przywódcy, nawet cudem podniesiony z choroby Borys Jelcyn. Jordania jest niedużym krajem wtłoczonym między Irak i Izrael. Król Husajn przez czterdzieści pięć lat swego panowania był przez wszystkich bardzo szanowany. Nie prowadził agresywnej polityki. Na pogrzeb przybył również jego biały koń. Nikt go już więcej nie dosiądzie. Szedł sam. I naraz, jak we śnie, uniósł się wysoko—gdyż *w śmierci sennym królestwie* był jedynym duchem, który umie fruwać.

NIE ŚWIATŁO, LECZ CIEMNOŚĆ

Wróżę, co się stanie. Czekam, aż można będzie pójść. Tym razem myślę, że ludzie chcąc nie chcąc będą potrzebować snów, że właśnie sny zgromadzą zdrowych i chorych, nauczą nas nawzajem troszczyć się o siebie. Nastanie święto, stanie się cud. Tego właśnie się spodziewam, tego chcę, jedna rzeczywistość na moich oczach stworzy drugą—lecz wyrocznia mówi ostrożnie: *nie światło, lecz ciemność*.

I śni mi się, na samym brzegu tej czarnej nocy, pospieszny powrót z jakiegoś tłumnego miejsca, może z teatru, a może z tego właśnie seminarium o śnieniu, gdzie mam pójść. Udaje mi się ukryć dokładnie w chwili, gdy gasną wszystkie światła świata i za jednym zamachem znika cała ludzkość, jak w książce Morsellego. Przez sekundę cieszę się, że to kto inny ginie, nie ja—ale we śnie wszystkie postacie są mną: a w ciemności tym bardziej każda.

family and animals, I read—and while I'm doing that, I learn that people leaving for Denmark are dying of tuberculosis. People returning from Szczecin are coming home in one piece. I'm searching for something in the port of Marseilles. An engineer from Moscow who had disappeared without a trace suddenly shows up on the Kola Peninsula. A Czech actress buys a brand new Polish Syrena car. Near the Hotel Europejski, I meet a Buddhist monk with a red smear on his cheek, as though a woman kissed him—or maybe it's blood. I'm uncertain. Then, someone with an American accent calls: *oh, is the Gospel reading over already?*

Where does all this come from? King Hussein of Jordan died, and I wonder what died along with him. All the world's leaders attended his funeral, by some miracle even Boris Yeltsin felt healthy enough to attend. Jordan is a fairly small country situated between Iraq and Israel. For all forty-five years of his reign, King Hussein was well respected by everyone. His politics were never aggressive. His white horse was one of the funeral's attendees. No one will ever ride him again. He came all by himself. And suddenly, as though in a dream, he rises into the air—because *in the dying kingdom of dreams,* he was the only spirit who knew how to fly.

NOT LIGHT, BUT DARKNESS

I divine what's going to happen. I wait until I can leave. These days, I believe that people need dreams whether they like it or not, that nothing but dreams will bring together the healthy and the sick, will teach us to care for one another. We'll witness a holiday, a miracle. It's what I hope for, what I crave, one reality creating another—but the oracle warns warily: *not light, but darkness.*

And on the very edge of this dark night, I dream that I'm rushing back from a crowded place, maybe a theatre, or maybe the seminar on dreaming that I'm supposed to attend. I manage to take cover the exact moment that all the world's lights go out, and humanity disappears in one fell swoop, like in Morselli's book. For a second, I'm happy that others are perishing, not me—but in a dream, everyone is me: and in the darkness, especially.

W NAGUALU

Choć mówią, że jest dobrze, nie jest dobrze. Krzesła są ustawione w krąg i mamy dość czyste sumienia, więc nie pojmuję, co się stało, że z całą mocą napływa tu coś z innego źródła, przybywa z innego świata, ze świata bez światła, jest jak w *nagualu*, o którym się wcale poważnie nie myślało, że gdziekolwiek jest—znajdujemy się w środku niezgłębionego, jest też Anita, i umiera. Siedzi z nami przez cały dzień i czeka na swoją kolej, chciałaby być choć trochę uleczona—co oczywiście niemożliwe, ale nawet jeżeli nie, to przecież kto wie? Mówię to oczami każdemu z odległości.

Z każdą godziną w polu mego widzenia powiększają się obszary niewidzialne, bawię się widzeniem i niewidzeniem przerw pomiędzy widokami, trochę dziwię się rzeczywistości, że pojawia się i znika, jest w tym coś do przemyślenia—czy znajdujemy się w zasięgu łaski snów, czy też trzeba tu być raczej bardzo, bardzo czujnie, bo nad każdym osobno zawieszona jest inna groźba, inna ektoplazmatyczna chmura? O tych chmurach nie wie nikt. A gdy chcę stąd wyjść, muszę uciszać kroki na podłodze.

Anita zaczyna od lekarstw i liczenia czasu. Od bólu do bólu czas liczy się na palcach. Trzeba wpierw nakarmić ból, jak zwierzę w klatce. Oglądam małe tableteczki, aż chce się spróbować, czy zwalczają też ból niecielesny, ten wcześniejszy, zanim wniknie. Jak jeść pizzę, gdy Anita mówi o piekłach, gdy umieranie rozrzedza jej głos, a różowa szminka nie pomaga, raczej trwoży? Rozpoznaję dziwną półprzezroczystość płatków uszu i niezwykłe pochylenie głowy: to właśnie jest śmierć. Jeśli ją zobaczyłam naprawdę, czy zostałam również zobaczona? Wydaje mi się, że biorę udział w zmowie.

Mówi się—albo się mylę, może są to głosy snów—że te chore osoby, te ofiary losu, które tutaj z nami są, wcale nie są święte. Ściany mają uszy, oczy mają tajemnice, duchy tylko czekają na zmaterializowanie się— wiem, że wszyscy w każdej chwili umieramy, życie to choroba na śmierć: jednak czuję, że niektórzy umierają jakby bardziej. Przez cały czas nasłuchuję. Porównuję. Nie pojmuję. Nie wierzę, że one nie są święte. Przecież są. Ten ból ostateczny je zmusza.

IN THE NAGUAL

Though they say everything is fine, it isn't. The chairs are arranged in a circle, and we all have pretty clean consciences, so I don't understand what's happening, I don't understand how something is rushing in from a different spring, is stemming from a different world, that a lightless world is just like the *nagual*, a place no one actually thought existed—we find ourselves in the middle of the unfathomable, and Anita's here too, and she's dying. She sits with us the whole day, waiting for her turn. She'd like to be healed at least a little—impossible, but what if it isn't? Who knows? I try communicating this to everyone in the room with my eyes.

Every hour, invisibility grows in my field of vision, and I amuse myself seeing and not seeing gaps in the view, I'm a little astounded at reality, how it appears and disappears, how there's something to mull over—do we find ourselves at the mercy of our dreams, do we have to be very, very careful here, because a different threat awaits everyone, a different cloud of ectoplasm? We don't know much about these clouds. I have to tread lightly if I want to leave.

Anita starts with medicine and counting time. She counts the pain on her fingers. Pain is like a caged animal: it needs to be fed first. I stare at the small pills until I want to try one, test if they fight pain that's bodiless, the pain arrives first, before it permeates everything. How can I eat pizza when Anita talks about hell, when dying dilutes her voice, and pink lipstick makes it worse instead of helping? I recognize the strange, half-transparency of her earlobes, the unusual tilt to her head: this is what dying looks like. If I really saw her, does that mean she saw me too? I feel like I'm part of a conspiracy.

It is said—or maybe I'm mistaken, maybe these are just voices from my dreams—that sick people, those unfortunate souls among us, aren't saints at all. Walls have ears, eyes have secrets, spirits are only waiting for their materialization—I know that all of us are dying, that life is a terminal illness: but I do feel that some people are dying more than others. I eavesdrop the whole time. I compare. I don't understand. I can't accept that they aren't saints. Of course they are. Their pain forces them to be.

Pojawiają się też wśród nas istoty nieorganiczne z innym niż ludzki zmysłem odczuwania. Pierwszy raz widzę je tak jawnie. Przemoc natury ich nie dotyczy. Nieskazitelnie patrzą do przodu, nigdy w bok. Twierdzą, że wszystko ma prawo być—tak samo życie, jak śmierć. Wiedzą, że w każdej chwili panuje wieczność i tylko my, ludzie, nie mamy do niej cierpliwości. Jeśli chodzi o wszystko, to—ku naszemu zdumieniu— zawsze jest ono takie, jak ma być. Anita pyta nagle: *kto jest właściwie Panem Świata?* Nie ośmielam się nabrać tchu, a co dopiero odpowiadać. Nie znam już ani tak, ani nie. Załamuję się w zetknięciu z nieodwołalną utratą wszelkiej wiedzy, wiem, że nic nie wiem i nigdy nie wiedziałam.

W nocy czekam na to, co jeszcze ma się stać. Wreszcie ktoś bardzo ważny—możliwe, że Pan Świata—wizytuje szkołę, w której zabiedzona dziewczynka z ostatniej ławki wykrzykuje: ach, wiem! Umie rozpoznać wszystkie energie nieba i ziemi, nikt by się po niej tego nie spodziewał! Schodzimy do podziemi, gdzie w nagrodę sprzedają słodycze i jabłka. Sprzedawca, wkładając je do papierowej torby, opowiada o oślicy Balaama, która po długim czasie traci wreszcie cierpliwość i pyta proroka ludzkim głosem: *czemuś mnie zbił? Trzy razy widziałam anioła z mieczem!* I prorok upada na twarz, bo oślica ma rację: ten anioł naprawdę tam jest! Stoi ubrany w światło, a potem powoli rozpływa się w moich oczach.

NAZAJUTRZ

Jak oślica, nazajutrz tracę cierpliwość i nie zgadzam się na to, co jest. Z jakiegoś powodu właśnie dziś nie mam przebaczenia dla bólu, nie zgadzam się na te hiobowe tysiąclecia bólu, jakie mamy jeszcze do ścierpienia! Cóż jednak znaczy moja niezgoda? Dosłownie nic. Sen ma zwykle rację, lecz pozostaje na łasce jawy, a jawa jest dziś kompletnym nieporozumieniem—bo nie chcę przyjąć do wiadomości, że ból jest i będzie, tak jak zawsze był—jak to się stało, że ból tak przystał do ludzi, tak ich oszołomił? Kim byłby, gdyby niespodziewanie przybrał ludzką postać, co by tu robił między nami, gdyby przemienił się w człowieka?

W nocy F znowu przyciągnął za rękę tę małą, koślawą dziewczynkę,

Occasionally, inorganic beings that experience the world differently appear. It's the first time I see them so out in the open. The violence of nature doesn't touch them. They stare straight ahead irreproachably, never to the side. They believe everything has a right to exist—life as well as death. They know that every moment contains eternity, and the only problem is that we humans lack patience. Everything—to our astonishment—is always the way it's supposed to be. Anita asks suddenly: *who is really the Lord of the World*? I don't dare breathe, much less answer. I don't know anything anymore. I accept my irrevocable loss of knowledge, and I break down, I know that I know nothing, and never did.

At night, I wait for what has yet to happen. Finally, someone very important—maybe the Lord of the World—visits a school where an emaciated girl in the last bench cries out: oh, I know! She knows how to recognize all the earth and sky's energies. No one would expect it of her! We descend underground, where we're rewarded with people selling candies and apples. Packing them in a paper bag, the vendor tells us about Balaam's donkey, who eventually loses her patience with the prophet, adopts a human voice, and asks him: *Why did you hit me? Three times now I've seen an angel with a sword!* And the prophet falls to his knees, because his donkey is right: the angel is really there! He's bathed in light, and slowly dissolves before my eyes.

THE FOLLOWING DAY

The following day I lose my patience and, stubborn as a donkey, refuse to accept the way things are. For some reason, I can't forgive pain today, I can't accept these millennia of Job-like agony that we still have to suffer! But what good does my refusal do? Absolutely none. Dreams are usually right, but they remain at the mercy of the waking world, which today is a complete cipher—because I don't want to accept that pain does and always will exist, the way it always has—how did pain come to cling to us like this, bewilder us like this? How would pain look if it suddenly took on a human form, what would it do if it turned into a person?

That night, F took the little bow-legged girl by the hand again, he led her

przyprowadził ją z mrozu i rzucił w kąt jak kupkę szmat. Nikt jej nie chciał, ale F powiedział, że ma być. Nie można było się do niej odzywać po ludzku, nawet zwracać się twarzą w twarz, bo się od tego natychmiast przewracała albo—obramowana świetlistą linią—rozpuszczała się jak lód. Miała tu być, chociaż przez okno wdzierały się po nią jakieś cienie. Przeleciała nawet wielka skrzydlata machina. Przy zsypie na śmieci zamieszkali kloszardzi-samobójcy. Wszystko po to, aby lepiej czyhać.

WSZYSTKIE CZASY TERAŹNIEJSZE

Długo oślepia mnie płacz i bezlitosne czucie tego, co się dzieje z każdym. Wszystko jedno, kto jest kim, jestem nim. Nie mam pamięci, moje myśli zmieniły się w pył, nie odróżniam osób, bo wszystkie są mną—a ja nikim innym, tylko nimi.

Raz gubię, raz odnajduję możliwość spostrzeżenia tego, ale na ogół coś wciela mnie po prostu w jakiś stan ducha, osobę lub rzecz, a potem obserwuje, czy wiem, czego one potrzebują. Gdyby kierować się tylko czuciem, wiedziałabym. Nie miałabym tylko skąd tego wziąć. Ta wiedza to szczyt zarozumiałości, lecz nie obchodzi mnie to—zatapia nas wielki bezmiar i w każdej chwili mogę się dostać w zasięg niepokojącej, milczącej wspólnoty dosłownie z każdym, po wszystkie czasy teraźniejsze, jakie są.

PORTUGALSKA ŚPIEWACZKA

Z samego rana słyszę, jak znika osoba, znika różnica między osobą a głosem, między głosem a instrumentem, znika instrument, jego bezstrunność, jego dziwny rodzaj i kształt, i nie ma nic prócz muzyki. To ona równocześnie płacze i żartuje, śmieje się i desperuje, i za coś— nie wiedząc—oddaje całą duszę. Ta portugalska śpiewaczka jest istotą nieorganiczną, żywcem zmienioną w muzykę—i nie jest to dobrowolna zmiana, poznaję wielką bezlitosność, która tym krystalicznym głosem zatrzymuje świat. W najwyższych rejestrach, tam gdzie zaczyna się wszelki początek i los, staje on całkiem niemo, nieruchomo.

in from the cold, and tossed her in a corner like a pile of rags. Nobody wanted her, but F said that she's supposed to be here. We couldn't speak to her in any human language, or even look her in the eye because she'd turn away or—surrounded by streaks of light—melt like ice. This is where she was supposed to be, but shadows were trying to sneak in through the window and spirit her away. Even a giant winged machine flew past. Some suicidal vagrants started living next to the trash chute, so they could lurk better.

ALL OF PRESENT TIME

For a long time, I've been blinded by crying and mercilessly feeling what everyone else feels. It doesn't matter who they are, only that I'm them. I don't have memories, my thoughts have turned to ash, I can't differentiate between people because they're all me—and I'm nobody but them.

Sometimes I see it, and sometimes I don't, but somehow I'm incorporated into some state of a spirit, person, or thing, and then I observe, or know, what it needs. If I let feeling lead me, I'd know. But I wouldn't know where to find that feeling. It's the height of understanding, this knowledge, but that means nothing to me—a great infinity is drowning us, and any minute now, I may reach the limits of an unsettling silent solidarity with literally everyone that stretches through all of present time.

THE PORTUGUESE SINGER

Since the early hours of the morning, I've been hearing her body dissolving, the difference between her body and voice disappearing, between the voice and the instrument, its stringlessness, its strange shape and type, so that there's nothing left but music. The Portuguese singer cries and jokes, she laughs and despairs, she gives up her whole soul—unknowingly—in service of something. She's an inorganic being, a living thing turned into music—and it's not a voluntary change, it's cruelty with a crystalline voice that can stop the world. In its highest registers, the origin of every beginning and fate, the voice becomes completely mute, at rest.

Dopiero wtedy mogą znaleźć to chłodne miejsce w sobie, gdzie nie ma ani złości, ani miłości, ani trwogi, ani płaczu, ani nic. Co zatem jest? Wielka pustka, wielka przestrzeń, wielka zgoda. Śpiew oprowadza mnie po nieskazitelnie białej, lekko sfalowanej okolicy. Nad emocjami panuje tu Królowa Śniegu, a mroźny głos jest jej mocą.

Zastygam jak we śnie albo w zaklęciu w kamień, zatopieniu w szkle. Dosięga mnie jakiś kres, ale muzyka pije za mnie i je, wypróbowuje mnie za pomocą przekraczania głosem ludzkich miar—ma też jakiś rozświetlający, wewnętrzny zmysł, za pomocą którego w zimnej pogodzie wszystko widać prawie przezroczyście.

Dociera do mnie w końcu jakaś bezwzględna, milcząca wiedza, która nie potrzebuje współczucia, jest to nieorganiczna, twarda przemiana i chłód: oderwany od wszelkiej intencji, nie skierowany przeciwko nikomu, po prostu inny rodzaj związku ze wszystkim niż zwykłe ludzkie współczucie i płacz. Czarownik Don Juan twierdzi, że na tym polega trzeźwość umysłu, a nie okrucieństwo—wszyscy *nagualowie* tak mówią, a w środku są zimni jak lód.

GURU W GARNITURZE

W końcu zrozumiałam, że przez sen przychodzą zwłaszcza ci, których nie chcę, ale od których zależy mój los. Przyśnił mi się guru w nieskazitelnym, granatowym garniturze, mówił dużo, a potem długim, wężowym tańcem posuwaliśmy się za nim wzdłuż pomieszczeń, po schodach, w górę i w dół. Schody to oś świata łącząca ziemię i niebo, ktoś musiał jednak zejść po linie z balkonu i otworzyć zewnętrzną zasuwę w drzwiach, abyśmy mogli wydostać się na powierzchnię.

Tutaj, po drugiej stronie czy odsłonie snu, czekały już półciężarówki, które zawiozły nas do alabastrowego kościoła na pustkowiu.

Tylko wielka bagatelność lub równie wielka przemyślność mogła ustawić tę budowlę na skrzyżowaniu niewidocznych dróg. Przypominała bogaty, zaskakująco zdobiony bank, płaskorzeźbiony kształtami ryb, ptaków, ssaków i podobiznami pomniejszych organizmów. Na naszych oczach

Only then can I find that cool place inside me where there's no anger or love or fear or tears or anything. What, then? A great expanse, a great space, a great accord. The singing guides me through a perfectly white, lightly undulating place. Here, emotions are presided over by the Snow Queen. Her icy voice holds her power.

I freeze as though in a dream, or as though turned into a stone, melted to glass. Some limit catches up to me, but the music drinks and eats for me, tests me with its voice by crossing human boundaries—it has some extra illuminating sense inside it that makes everything look transparent in the cold.

Eventually, I'm overcome by a silent, total knowledge. It doesn't need compassion, it's a hard, inorganic change, and cold: detached from intention, not directed against anyone, simply a connection different from the usual human tears and understanding. The sorcerer Don Juan believes this isn't cruelty, but the mark of a sound mind—everyone in the *nagual* thinks so, and inside they're cold as ice.

GURU ALL GUSSIED UP

At last I realize that my dreams summon the people my fate depends on, even if I don't want to see them. I dreamed of a guru wearing an impeccable gray suit. He spoke for a while, and then we followed him through a few rooms, up stairs, and down them in a long, snaking dance. Stairs are the world's axis connecting heaven to earth, but someone had to climb down the rope hanging from the balcony and open the door latch so we could all get outside.

There, on the other side, on the underside of the dream, pickup trucks were waiting to take us to an alabaster church in the great expanse.

The church stood at the crossroads of two invisible streets. Only a great coincidence or a great deal of thought could have situated it there. It reminded me of an opulent, stunningly ornate bank with bas-reliefs of fish, birds, mammals, and lesser organisms too. The glass revolving doors

otworzyły się szklane, obrotowe drzwi. Wszedł przez nie guru, F i jeszcze ktoś. Zaczęłam odtąd czekać, pełna naiwności.

Z czasem dostrzegłam w ścianach niepokojące, ruchome elementy. Wgłębienia w murze tworzyły nieznaczne, odrębne przestrzenie, a kto by się tam dostał, przestałby być tym, kim dotąd był. Możliwe, że mógłby w ogóle uniknąć ostateczności bycia kimś. Świadczyły o tym porzucone w kącie podwórza kartonowe pudła, pojedyncze rękawiczki, podejrzane, poszarpane strzępy.

Mijały—nie tylko w moim umyśle—zimne, przerażające noce i pełne niepokoju dnie. Budowla zmieniała się wraz z nimi w maszynę-pułapkę do podróży w czasie albo w świat, z którego nikt przez całą wieczność nie wychodził.

Codziennie czekałam gwiazd na niebie. Wierzyłam, że niebo gwiaździste otwiera drogę snom—wreszcie przyśniło mi się, że to wszystko trwa zaledwie chwilę, mgnienie, prawie nic: ależ tak, właśnie tak wychodzi się z czasu, krzyknął guru! Jakby się nigdy tam nie wchodziło, błyskawicznie!

BŁYSKAWICZNOŚĆ

Rozpędzony do nieprzytomności autobus, prowadzony przez szaleńca, wpada na domy, drzewa, płoty, koty, psy, rozbija kruche wiaty przystankowe, okienka piwniczne, obmurowania starych studzien. Wiezie ludzi, ale nie słyszy ludzkiego wołania, więc sam Bóg w popłochu zmienia tor jego szaleństwa i kieruje je gdzie indziej, na pustkowie.

Za wszelką cenę próbuję wdrapać się na pionową, lodową ścianę, wypatrując miniaturowych zaczepień dla palców. Piosenkarka o pięknym, chropowatym głosie łapie mnie za rękę, i jeśli to ma być pomoc, to niestety jeszcze bardziej mnie obsuwa. Spadając, myślę, że dzięki Bogu wszystkim się udało, że naprawdę wielu się udało—że szczęśliwi, którym się udało, odjeżdżają właśnie z tego miejsca jak najszybciej.

Na wskroś białej pustki sunie staroświecki pociąg osobowy. Pustkowie nie jest już lodowe, pokrywa je miękki śnieg. Nagle poszukiwany listem

opened before us. The guru, F, and someone else stepped through them. Full of naiveté, I started waiting.

After a while, I began to notice unnerving movements in the walls. The cavities in the bricks formed meaningless separate spaces, and whoever found themselves there would cease being the person they had been up to that point. Perhaps they would escape the necessity of being someone. We learned all this from the objects piled in a corner of the backyard: cardboard boxes, individual gloves, a suspicious, tattered mess.

I passed cold, terrifying nights and anxious days—not exclusively in my dreams. The building was becoming a trap-machine. People who entered could travel through time or the world, but no one could ever exit.

Every day, I waited for stars to show up in the sky. I thought that a starry sky opened the door to dreams—finally I dreamed that everything lasts merely a moment, the blink of an eye, nearly no time at all: but this is precisely how one exits time! shouted the guru. Lightning-quick, as though we never even entered.

LIGHTNING-QUICK

A lunatic driving a bus accelerates to the speed of the unconscious. He crashes into houses, trees, fences, cats, dogs, smashes into old bus shelters, basement windows, the stone walls of wells. The bus is full of people, but no one hears their cries, so God himself, in a panic, changes the bus's course and directs it elsewhere, into the empty and vast expanse.

I climb up a vertical wall of ice, not thinking about the consequences, searching for small holds for my fingers. A singer with a beautiful, husky voice takes me by the hand; if this is supposed to help me, it doesn't; it just leads me farther away. As I'm falling, I think: thank God that everyone survived, that really so many people survived—that the lucky ones who survived get away from this place as quickly as they can.

An old-fashioned passenger train chugs across the white expanse. Suddenly, a criminal with a warrant out for his arrest throws a person out

gończym zbrodniarz wyrzuca z wagonu jakiegoś człowieka, ale zjawiam się natychmiast—albo jeszcze prędzej—i błyskawicznie go podnoszę. Sen w swojej nieświadomości uznaje, że potrafię ratować ofiary, lecz jest to tylko odruch, trochę szczęścia i trochę prędkiej przebiegłości.

PEŁNIA KSIĘŻYCA

Podczas pełni wszystko się dopełnia, rozpoczęte prace konstrukcyjne, utajone plany. Przypowieści biblijne dzieją się na żywo. Sny donoszą, że czteroletnia dziewczynka o imieniu Judyta ucięła głowę Holofernesowi. Gdy w pogotowiu opiekuńczym, gdzie ją odwieziono, rozpakowywała walizkę, wypadł z niej i szybko gdzieś pomknął mały pluszowy piesek. Niedługo potem światowej sławy chirurg o nazwisku Eliasz zmienił się w proroka i wszyscy zaczęli się go bać. Znany guru-hochsztapler cudem uzdrowił ciężko chore dziecko i załamał się nerwowo.

Był to wielki cud. Rozpięto namiot, postawiono ogromny krzyż, śpiewały biało wystrojone chóry. W dymach i fajerwerkach pojawił się deus ex machina, rozległy się okrzyki: *Ludzie! Odeprzyjcie zakusy diabła! Wpuśćcie Jezusa, wpuśćcie Jezusa!*—cud nastąpił niepostrzeżenie i całkowicie. W dodatku spadł deszcz. Pełna przeczuć odjechałam z tego filmu, czy też z tego snu, zdradziecką, wołgą-iskariotą. Podniosłam kluczyki z ziemi, bo ktoś je tam rzucił.

Tak właśnie ma być, że my, istoty stworzone, rozwijamy się i nabieramy świadomości. Ale gdy Bóg ani człowiek już dalej iść nie mogą, już niczego więcej nie nabiorą, wszystko ma się dopełnić w dobrowolnej ofierze z życia, aby *w oddaniu się jednostki do dyspozycji całości zjednoczyły się niebiosa i ziemia.* I gdy się to już zbliżało, pokazało się też coś opalizującego, jakaś poświata na ziemi i na czasopiśmie, które oglądałam w pociągu, przy otwartych drzwiach. Światło przeskakiwało prędko, jakby w podnieceniu, jakby w zawołaniu, że coś się zaraz stanie—coś się zaraz stało.

of one of the cars, but I'm there right away—or even faster—and catch him quick as lightning. The dream unconsciously admits that I can save a sacrifice, but it's just a reflex, a little luck, and a bit of quick thinking.

FULL MOON

Everything gets finished during a full moon: construction jobs began but never completed, latent plans. Biblical parables become reality. My dreams bring news of a four-year-old girl named Judith who cut off Holofernes' head. When she was unpacking her suitcase at the children's shelter they took her to, a small stuffed dog fell out and bolted away. Not long after that, a world-famous surgeon named Elijah turned into a prophet and everyone began to fear him. A guru known to be a fraud miraculously healed a child and then had a nervous breakdown.

It was a great miracle. Someone pitched a tent, someone put up a cross, choirs in white gowns sang songs. A deus ex machine appeared amidst the smoke and fireworks, and screams rang out: *People! Resist the temptations of the devil! Let Jesus in! Let Jesus in!*—the miracle was imperceptible and total. Additionally, rain fell. Full of foreboding, I got into my treacherous Volga Iscariot and drove away from the film, or the dream. I picked up some keys from the ground, because someone had thrown them there.

This is exactly the way it's supposed to be, that we, formed beings, grow and gain consciousness. But when neither God nor people can go any farther or absorb anything else, everything must conclude in a voluntary sacrifice of life, so that in *sacrificing one in service of the many, the heavens and earth unite*. And when the time was drawing nearer, something iridescent showed up, some shimmer on the earth and on the newspaper I was reading on the train with the door open. The light leapt around as though aroused, as though called, aware that something was about to happen—and then something did happen.

WIDZENIA

Leżę w białej pościeli. Wykonano wyrok kary śmierci w Arizonie. Pada biały śnieg. Pewien rodzaj maku nazywa się Kwiatem Snu, rozkwitłby teraz oszałamiająco, gdybym to, co senne odważyła się z powrotem oddać snom i nic już nie wyjawiając, ujrzała to w całej przemożności. Ale jak w tym nagromadzeniu obrazów odkryłabym obraz Boga? Po czym bym poznała, że to obraz, którego autorem jest Bóg?

Widziałam mężczyznę, który nurkuje w ziemi i z niej się wynurza, jakby natychmiast zmartwychwstawał. Widziałam straszliwą wronę, która woła głośno do zwierząt zamkniętych w ludzkich domach. Siedzi na barierce, wymachuje skrzydłem i woła do nich wniebogłosy, aż niejedno biegnie co sił, wychyla się i mrożąc krew w żyłach, spada.

Widziałam, że latało się samolotem-światem, a kiedy odrywał się od ziemi, nic nie zostawało. Całe miasto, z brukiem i domami, unosiło się. Zaczynała się godzina policyjna, trzeba się było kryć. Następowało wielkie wygaszenie świateł, po kątach ukrywali się najemnicy Legii Cudzoziemskiej i kobiety afrykańskie. Tylko dwie osoby szły samotnie w stronę gasnącego słońca, jakby się właśnie skończył western—albo jakby miał się zacząć inny film? Pisałam podanie o ułaskawienie, a na litery padał deszcz. Bo nie pisałam już na papierze, lecz na samej ziemi.

CZAS PRZESTAWIONY

Przestawiono czas na letni i teraz on miał trwać. Sen pokazał po sobie, że jest zdezorientowany. W dziewiętnastowiecznym parku trzy małe dziewczynki biegały za obręczami po czymś białym—nie był to co prawda śnieg, tylko bardzo, bardzo rozrzedzona materia; i nie był to też park, tylko wiekuistość, w której każda przeszłość zajmowała odpowiadające sobie miejsce. Zza rogu wychylał się cień, a jedna z dziewczynek wybiegała mu naprzeciw i kręciły się wokół małe pomarszczone psy, jeden biały, drugi czarny, jak strażnicy—naraz wczepiły mi się w ręce! Niespodziewany, kąsający ból! Wołam: przecież wiecie, że was

VISIONS

I'm lying in my white sheets. Someone in Arizona received a death sentence. White snow is falling. There's a certain type of poppy called the Flower of Dreams which would bloom here beautifully if I only found the courage to return to dreams what belongs to them, and if I brought nothing more into the waking world, and contended myself with only observing. But how would I find God in all these images? How would I know whether God is the image's author?

I saw a man who dove into the ground and then resurfaced, as though instantly resurrected. I saw a horrifying crow that calls to animals trapped in humans' homes. It sits on a barrier, flaps its wings, and screeches to them at the top of its lungs, until some break into a run, peer over the edge, and horrifically fall to their deaths.

I saw people flying in a plane-world. When it lifted off the earth, there was nothing left behind. The whole city, with its pavement and houses, rose into the air. It was getting close to curfew, we had to hide. All the lights switched off, soldiers from the French Foreign Legion and African women hid in the corners. Only two people kept walking toward the setting sun, like at the end of a Western—or the beginning of another film? I was filling out an application for amnesty, and rain was falling on the letters. I wasn't writing on paper anymore, but on the earth itself.

CHANGING THE CLOCKS

The clocks were changed to summer time, and the change was supposed to be permanent. I could tell my dream was disorientated. In a nineteenth century park, three small girls chased after their hoops, running across something white—it wasn't real snow, only very, very diluted matter; and this wasn't a real park either, but eternity, where every part of the past has settled in its proper place. A shadow leaned out from around the corner, and one of the girls ran toward it. Small wrinkled dogs were running around underfoot, one white, one black, both like sentries—suddenly, they claw their way into my hands! Unexpected, biting pain! I cry out:

kocham, dlaczego sprawiacie mi ból? Podniosły łby. A potem, z całą bezwzględnością, wczepiły się jeszcze bardziej.

Na zewnątrz, w teraźniejszości, strzelano w Kosowie i zabijano wszystkich, którzy drgnęli. Strumieniami lał się deszcz. Wielka woda przelewała się przez brzegi, schodki prowadzące znad rzeki wyścielono sztuczną trawą aż do szerokiej, nowoczesnej alei żołnierskich uniformów. Miało to jakieś dobre strony, oprócz złych. Nie pozostawały ślady stóp. Jest jedno miejsce, w którym na pewno trzeba się znaleźć, gdy Bóg oblewa z nieba: gąszcz drzew, gdzie nie dotrze ani kropla, ani dźwięk i gdzie materia jest ostatnią rzeczą—na razie zajmuję się sprowadzaniem myśli i powietrza z zagranicy.

Granica ta czasami się przesuwa. Tam, gdzie nie sięga czas, ukrywają się starzy pisarze tołstojowscy, słynni terapeuci i najdziwniejsze śpiewaczki operowe. Nikt tu sobie nie wyobraża, jak w ogóle można jeszcze żyć na Ziemi. Jakby za ludźmi krok w krok, po cichu, symetrycznie szedł los i o wszystkim po swojemu wyrokował. Ogromnymi oczami patrzymy na nieprzekraczalne ślady stóp. Nie wschodzą rośliny, które posadziłam, żadne falujące szczypiory, zielone i dobre.

TAJEMNICZY OGRÓD

Spróbowałam zapytać sen o coś zachwycającego, co by radośnie wypuszczało pędy, wtajemniczając każdego, kto przechodzi obok, w swoją niepowstrzymaną żywiołowość—obrazy nadeszły niewyraźne. Kobieta o ciężkich, srebrnych powiekach przymykała oczy, a wtedy na ścieżce kładł się cień. Pozostało jeszcze parę przygotowań, trzeba było jakiejś minimalnej zmiany, której nikt świadomie nie spostrzeże. Z czasem mieliśmy więcej białego dnia niż ciemnej nocy, nawet o tym nie wiedząc, ufając tylko, że tak właśnie powinno być. Weszłam do niskiego, skrzypiącego domu, a tam na mój widok sama nalała się szklanka wody.

Było to tym, po co tu przyszłam. Wypiłam wodę. Coś poruszyło się za ceglanym piecem, zaszamotało pod sufitem, na stole, obwiedziona błyszczeniem, przysiadła czarna wrona. Niewiarygodnie patrzące oko

you know I love you, why are you hurting me? They raise their heads. And then, ruthlessly, they dig their claws in even deeper.

On the outside, in the present, shots were fired in Kosovo and anyone who trembled was killed. Rain streamed down. Water splashed over the shores, and the stairs leading up from the river were paved in fake grass all the way to the street of solider uniforms. It wasn't all bad—there was a bright side. For example, footsteps didn't leave any imprints. When God pours down from the sky, there's only one place to go: a thicket of trees where no droplet or sound will reach you, a place where only matter remains—but for the time being, I'm busy transporting thoughts and air across the border.

Sometimes, the border shifts. Old Tolstoyan writers, famous therapists, and the strangest opera singers hide here, in this place that's been freed from time. Nobody here imagines that it's even possible to live on Earth anymore. How can people live when fate determines everything, stalking their every move, mirroring their every step? We widen our eyes and stare at footsteps we can't cross. None of my plants are sprouting. I don't have any rolling rows of scallions, I don't have anything green and good.

SECRET GARDEN

I asked my dream to astound me, to give me something that would rush forth joyfully, initiating anyone it encountered with its uncontained excitement—the images came back unclear. A woman with heavy, silver eyelids closed her eyes, and then a shadow spread across a wall. There were only a few more things to be done, only some minor change to make that no one would even notice. After a while, we began to see more white days than we saw black nights, and we didn't even wonder, we just trusted this was right. I walked into a small and creaky house, and watched a water glass fill up before my eyes. This was exactly what I'd come for. I drank the glass of water. Something moved behind the brick oven, something scuffled under the roof. A black crow landed on a table encircled with light. Its eye, uncannily observant, blinked several times. And then, in that mysterious moment preceding the waking world, the giant bird slowly flapped its wings and flew into the garden.

przymknęło się kilka razy. Z wolna, w sekrecie przed jawą, wielkie ptaszysko uniosło skrzydła i wyfrunęło do ogrodu.

Ogród, w którym obecność słońca wywoływała dotąd wrażenie zwykłości, tym samym przemienił się w las. Zmroczniał i zgęstniał, jakby miało tu zajść coś bardzo poważnego. Z jakiejkolwiek strony poczynając, nie można było obrać kierunku, a jeśli się go już obrało, nie można było tam pójść. Proste drzewa o mocnych, wyrazistych pniach wypuszczały gałęzie na niebotycznej wysokości. W dole leżała kusząca trawa— nietknięta stopą ani robakiem czasu, przedwieczna jak baśń. Mogłaby się tu zjawić najdziwniejsza istota, mogłaby się tu zdarzyć najdziwniejsza historia, a przyjęłabym ją za swoją. W jakiś niemożliwy do odgadnięcia sposób wiedziałam, że mam zapomnieć skąd przyszłam i nie pamiętać gdzie idę, bo tu się traci co prawda wszelkie rozeznanie, ale zyskuje nieomylność.

TAM I WTEDY

Nie do wiary, ale ugotowałam trujące grzyby razem z trawą. Do garnka zaglądała kobieta w półprzezroczystej chustce. Wiem, że nie wszystko dzieje się *tu i teraz*, także *wtedy i tam*—Anita umarła i z czasem będzie już coraz więcej tego, czego nie ma. Drogą zaś szły dwie ciemności, ciemność z przodu i ciemność z tyłu, dwa niebezpieczeństwa, dwie tajemnice za mną i przede mną.

I ludzie przestali mieć wyrazy twarzy, wystarczały im śniące ciała. Wszyscy byli każdymi i to nie tylko co jakiś czas. Ulice lśniły wodą snów, F rzucał swoje pędzle i zacierał po sobie ślady na obrazach. Nareszcie zaczęło się głośno mówić o tym, że nigdy nie chodziło o samo życie, lecz także o blask—o coś, co by mu czasem przyświecało.

ZAĆMIENIE SŁOŃCA

Wciąż jeszcze nic, naukowcy mówią, że będą sprawdzać hipotezy, ludzie siedzą na ławkach, czytają *Apokalipsę*, kaczki pływają, ptaki śpiewają,

When the sun was out, the garden looked like any other garden, but now it was becoming a forest. It dimmed and thickened, like something serious was about to happen. No matter what direction you came from, you couldn't get your bearings, and when you did, you couldn't walk that way. Tall trees with strong, striking trunks sent out branches to the sky. The grass on the ground was so tempting—untouched by feet or the worm of time, as ancient as a fairy tale. If the strangest being had appeared, if the strangest story happened, I would accept them as my own. Somehow, I knew that I should forget where I came from and disregard where I was going because it's true, you shed everything you know here, but gain infallibility in turn.

THERE AND THEN

Believe it or not, I cooked up some poisonous mushrooms with grass. A woman wearing a half-transparent scarf peered into the pot. I know everything doesn't happen *here and now*, or *then and there*—Anita died, and time will bring more absence. Meanwhile, two kinds of darkness accompany me, darkness in the front, and darkness in the back, two dangers, two secrets behind and before.

People lost the expressions on their faces; their dreaming bodies were enough. Everyone was everyone else for longer than just a moment. The streets glistened with the dew of dreams, F threw down his paintbrushes and blotted out his tracks. At last, we started to say it out loud— that it was never about just life, but light—about something shining through sometimes.

THE DIMMING OF THE SUN

Nothing yet. The scientists say they'll test their hypotheses, people sit on benches and read *Apocalypse*, ducks swim, birds sing, pavers are making

hałasują maszyny do asfaltów—na czymś jednak polega dziwność światła, a zmienność wiatru jest prędka, porywista.

Wystarczyłyby trzy dni, aby wszystko zamarzło, mówi F. Zimne odblaski wydobywają z drzew i kamieni krótkie, ukośne cienie. Patrzenie w dal przyciąga mrok. Każdy najmniejszy przebłysk natychmiast owija się w liście.

Zimno pod chmurami. Jakby ktoś czytał w moich myślach, jakby jakaś dręcząca niejasność spowijała świat—obrazy świata zależą od światła, a światło wyraźnie nas unika. Motyle jednak fruwają i dzikie kaczki płyną. Wtem wielki czarny ptak zakołował z krzykiem.

Ludzie, jak w obrzędzie, patrzą w niebo, niebo ich dziś obchodzi: w tej chwili, pełnej uniesień głów niebo jest jak najbardziej rzeczywiste. Niewytłumaczalne, podniebne powiewy przyprawiają o święty dreszcz. Niemowlę płacze. Czuje coś. Próbuje dać znać.

W Stuttgarcie widać będzie planety i gwiazdy, tutaj mały rąbek blasku wystarcza, aby wciąż był dzień. Dziewięćdziesiąt procent Słońca znikło. Ocieramy się o śmierć cieplną wszechświata, mówi F. W najbardziej wewnętrznej niszy umysłu wywołuje to obecność jakiejś nieuniknionej, przemożnej świadomości.

Coś o nas wie—i coś w nas o tym wie—jest to zimna, milcząca wiedza, która zatrważająco dokładnie objaśnia świat. W porządku, mówię. Tego właśnie wolę nie wiedzieć. Ale widzenie aniołów budzi w tej sytuacji o wiele mniejsze zdziwienie niż zwykle.

a racket—the strangeness of the world comes from somewhere, after all; the wind changes wildly and quickly.

Three days is enough for the world to freeze over, says F. Cold reflections draw out short, slanted shadows from the trees and stones. You'll bring the darkness closer if you look into the distance. Even the smallest flash of light disappears immediately in the leaves.

It's cold beneath the clouds. As though someone were reading my mind, as though some nagging darkness was enveloping the world—images depend on light, and the light evades us. And yet butterflies continue to fly, wild ducks keep swimming. A great black bird flies in a circle, screeching.

People look up at the sky like they're performing a ritual; the sky interests them today: with all these heads rising, the sky is as close to reality as it'll ever be. I can't translate the mounting wind, but it sends shivers down my spine. An infant cries. It feels something. It's trying to let us know.

In Stuttgart you can see stars and planets, but here day hangs on through a mere limbus of light. Ninety percent of the sun is gone. We're nearing the thermal death of the universe, says F. It's triggered by the presence of an overwhelming, inescapable consciousness in the innermost part of the mind.

It knows something about us—and something inside us knows it— a cold, quiet knowledge that illuminates the world. It's alarming. Fine, I say. I'd prefer not to know. Even if not knowing means I'm less astonished when I see angels.

Translator's Note

Zelwan's text is heavily intertextual, sometimes subtly, sometimes obliquely. Often, the sources she draws from are translations themselves, originally written in neither Polish nor English. Whenever possible, and in cases when I judged it helpful and appropriate, I have tried using existing English translations of these source texts. To this end, this translation uses fragments of the *I Ching* translated by Richard Wilhelm, Carl Jung's *Memories, Dreams, Reflections* translated by Richard and Clara Winston, and selections from *The Zhuangzi* translated by Patricia Ebrey.

Acknowledgements

Thank you to the following journals for previously publishing excerpts:

"The Human Species" first appeared in *Asymptote*

"Falling," "Opening the Curtains," and "Tonal and Nagual" first appeared in *Denver Quarterly*

"Singular Points," "On TV" and "Background Sickness" first appeared in *The Arkansas International*

BOSA ANTROPOSKA ZACZYNA COŚ NOWEGO: VICTORIA MILUCH ROZMAWIA Z MARTĄ ZELWAN

Śnienie to zbiór różnorodnych fragmentów skupionych na świecie snów. Czy możesz mi opowiedzieć o swoim procesie pisania książki? Jak to się zaczęło i jak to się stało?

„Śnienie" jest trochę jak sen, który nigdy nie przedstawia całego filmu, ale kadry, poszczególne obrazy zszywają się też w całą książkę, łączące nici są jak aborygeńskie linie snów, nie widać ich, ale prowadzą bezbłędnie, z tym, że intencje śnienia i droga snów są inne niż cele jawy. Wiadomo wszystkim o istnieniu świadomej i nieświadomej wiedzy, o tych odmiennych warstwach świata, stanach świadomości. Są nam one dawane razem, chociaż rzadko się uwzględnia jedno i drugie równocześnie. Pisałam o tym, co codziennie wychylało się zza tego, co już napisane. Nie planowałam nic, ale byłam uważna na to, co przychodzi w wydarzeniach jawnych i śnionych, jawie ukazanej poprzez śnienie, a czasem odwrotnie.

Zaczęło się tak jak w pierwszym rozdziale, od rozmowy z kamieniem w parku, wnioski z tej rozmowy zapisane są w ostatnim akapicie tego rozdziału:

Z głębi, z niewidoczności, wyłazi tymczasem stworzenie bezgłośne, nie zabarwione na żaden kolor, nie do końca zmaterializowane. Przypomina rysunki naskalne albo cień ducha na murze, albo niedokończoną, prymitywną rzeźbę. Nie zdziwiłabym się, gdyby—puszczone wolno—umiało żyć tysiąc lat. Wcielałoby się w różne kształty, zgęszczając się lub rozrzedzając, otwierałoby się lub zamykało w sobie zależnie od potrzeby—ale gdy zbliżam rękę, aby je uwolnić, czmycha.

Takie jest pisanie o śnieniu przy pomocą śnienia, sztuka śnienia jest sztuką wolności, niemożliwe jest uwięzić śnienie w jakimś określonym kształcie, książka o śnieniu po prostu się zdarza, wystarczy pozwolić jej być, po osiemnastu latach otrzymuje teraz drugie wcielenie, zmienia kształt.

Jak wybrałaś formę krótkich fragmentów? Dlaczego wybrałaś krótkie fragmenty do eksploracji pomysłów w tej książce?

Krótkie fragmenty jak krótkie kadry z filmu, którego część nie jest całkiem widoczna, każde śnienie można rozwijać w wyobraźni, na jawie, ale w tej

książce raczej tego nie robiłam. Nie wiem, jak wybierałam fragmenty, śnienie wybierało.

Co uważasz za główne tematy tej książki i czy pojawienie się któregoś z nich cię zaskoczyło?

To wielkie pytanie, bo śnienie nie gardzi żadnym tematem i wszystko mnie w nim zaskakiwało i zaskakuje, chociaż nie dziwi, że się pojawia. Mała książeczka o śnieniu dotyka największych życiowych tematów tylko dlatego, że jest o śnieniu, a więc o tym, co w życiu i w śmierci – i *tym, co pomiędzy nimi*, nie ma tego zdania w tej książce, może napisałam je w następnej, „Księdze ocalonych snów" albo w „Praobrazach", albo wcale. Może głównym tematem tej książki, bez wdawania się w szczegóły, jest bycie pomiędzy. W miejscu, które nazywamy rzeczywistością, a skąd jednocześnie widać inne światy. W miejscu ich połączenia. Zaskakiwało mnie w czasie pisania, że takie połączenie po prostu zawsze jest. Wymaga rozpoznania.

Wiele fragmentów czerpie inspirację z różnych źródeł - literatury, religii, historii i filozofii z całego świata. Jak widzisz te różne źródła pracujące razem w tej książce? Jaki był twój proces zbierania i łączenia ich?

Te źródła same się zbierały, przypominało mi się czytanie zapomniane od lat, jakby połączone naraz śnieniem, które obserwowałam w czasie teraźniejszym. Przywoływało mnie. To jest wszędzie. Świat jest wielkim snem. Sen to nie abstrakcja. Ale jednak próba, sprawdzian, jak sobie z tym radzi racjonalny umysł.

Czy masz ulubiony fragment?

Kilka tygodni temu poproszono mnie o fragment prozy do odczytania na pewnym spotkaniu i pomyślałam o rozdziale „Bosa antroposka", teraz to mój ulubiony fragment, może ta *bosa antroposka* chce zacząć coś nowego, będę obserwować.

Powracasz do idei snów często w swojej pracy - dlaczego? Czy to jest coś, czym zawsze byłaś zainteresowana? Czy wiesz, jak zaczęło się zainteresowanie?

Zawsze byłam zainteresowana tym, co jest poza *rzeczywistością twardą*. Często słyszę: *stąpaj twardo po ziemi*, ale Yeats mówił, żeby stąpać lekko, bo stąpamy po snach. To do mnie przemawia. Nie wiem, po co jest twarde stąpanie, nawet

jako metafora źle mi się kojarzy. Bez śnienia miałabym bardzo ciężkie życie dawno temu, na północy Polski, na Mazurach. Są to tereny piękne, ale bardzo mało zaludnione i rzeczywistością jest tam przyroda, natura, wtedy jeszcze bardzo dzika. Z tej natury przypływało do mnie wiele śnieniowej wiedzy, można by to też nazwać za C.G. Jungiem *aktywną wyobraźnią*. Najpierw poznałam żywą, aktywną wyobraźnię, natura ciągle przemawiała do mnie na swój sposób, o wiele lepiej to pamiętam niż to, co mówili ludzie. Uwierzyłam naturze. Długo nie wiedziałam, że są osobne sny nocne, bardzo się z tego ucieszyłam, ale sen jest tylko szczególnym przypadkiem śnienia, tak naprawdę śni wszystko.

7. Czy uważasz się za pracującą w tradycji polskiego pisania? Czy uznałabyś tę książkę za polską lub środkowoeuropejską książkę?

Pisałam tę książkę po polsku, żyję w Europie środkowej, w jej historii, z tego powodu uważam, że tak, książka ta tutaj przynależy. Myślę tylko, że świat śnienia nie uwzględnia podziałów i istnieje wszędzie, literatura o nim pisana jest wszędzie, nie ogranicza jej żadna historia i żadne terytorium.

Marta Zelwan

THE *BAREFOOT ANTHROPOS* STARTS SOMETHING NEW: MARTA ZELWAN IN CONVERSATION WITH VICTORIA MILUCH

Dreaming is a collection of varied and sometimes surreal fragments focused on the world of dreams. Can you tell me about your process of writing the book? How it started, and how it came together?

Dreaming is a little like a dream where we never see the entire film, just frames; individual images weave through the entire book, the needles that connect them are like Aboriginal dreaming tracks, they're invisible but lead us unerringly, with the caveat that the intentions of dreaming and the path of dreams are different than the aims of the waking world. Everyone knows of conscious and unconscious knowledge, of these different layers in the world, of different states of consciousness. We receive them together, but we rarely consider both simultaneously. Every day, I'd write about what appeared from behind what I'd already written. I didn't plan anything, but I was attentive to whatever came in waking and dreaming, to the waking world that was revealed through dreaming, and sometimes the reverse.

It began as the first fragment describes, with a conversation with a stone in a park; the last paragraph of the fragment records the results of that conversation:

From the depths, from darkness, a voiceless, colorless being emerges, something that isn't fully formed. It reminds me of cave paintings, or the shadow of a ghost on a wall, or a primitive, unfinished sculpture. I wouldn't be surprised if, set loose, it could live a thousand years. It would manifest in various forms, make itself denser or more diluted, it would open or close in on itself depending on its needs—but when I reach out my hand to free it, it flees.

So goes writing about dreaming with the help of dreams. The art of dreaming is the art of freedom, it's impossible to imprison dreams in some definite shape, a book about dreaming simply emerges, it's enough to let it be, and now, after eighteen years, it's receiving a second embodiment, it's changing shape.

How did you choose the form? Why do short fragments work well to explore the ideas in the book?

Short fragments are like short frames in a film that we only see a part of. We can unwind any dream in the imagination, in the waking world, but in this book I

tended not to. I don't know how I chose the form of fragments, dreaming chose it.

What do you see as the central concerns of the book, and did the emergence of any surprise you?

This is a big question because dreaming doesn't spurn any subject, and everything in dreams astounded and astounds me, though it didn't surprise me that any of it appeared. A small book about dreaming touches on life's largest concerns only because it's about dreaming, and thus about everything in life and death—and *what is in between them*—that sentence isn't from this book, maybe I wrote it in my next one, *Księga Ocalonych Snów*, or in *Praobrazy*, or maybe I didn't write it at all. Maybe the main concern of this book, without going into specifics, is being in the in between. In the place we call reality, and yet from which we can see other worlds. In the place where they all connect. At the time of writing, I was astounded that this connection simply always exists. It requires recognition.

Many of the fragments draw inspiration from widely varied sources—literature, religions, histories, and philosophies from all around the world. How do you see these sources working in the book? What was your process in collecting them and bringing them together?

The sources collected themselves, I'd remember things I'd read years ago and forgotten, as though they'd been suddenly connected by the dreaming I was observing at the present time. They beckoned me. This kind of thing is everywhere. The world is one great dream. A dream isn't an abstraction. Instead, it's a test, a measure of how a rational mind will contend with it.

Do you have a favorite fragment?

A few weeks ago, I was asked to read a piece of prose at an event, and I thought of the fragment "Barefoot Anthropos." It's my favorite fragment at the moment. Maybe this *barefoot anthropos* wants to start something new, I'll have to keep an eye on it.

You return to the idea of dreams often in your work—why? Is this something you've always been interested in? Do you know how the interest began?

I've always been interested in what's behind *firm reality*. I often hear the phrase: *tread firmly over the earth*, but Yeats said to tread lightly because we tread

on dreams. I like this idea. I don't know what good treading firmly does, it doesn't work for me even as a metaphor. Without dreaming, I would have had a very difficult life a long time ago, in the north of Poland, in Masuria. It's a beautiful place, but very sparsely populated, and the reality there is nature, the natural world, which, back then, was still very wild. From that natural world I received a lot of dream knowledge, which we could also call C. G. Jung's *active imagination*. First, I got acquainted with a living, active imagination; nature always addressed me in its own way, I remember it a lot better than anything people said. I came to believe nature. For a long time, I didn't know that there are separate night dreams, I was very pleased when I learned, but a dream is only a specific instance of dreaming, really everything dreams.

Do you consider yourself to be working in a tradition of Polish writing? Is there anything uniquely Polish or Central European about this book?

I wrote the book is Polish, and I live in Central Europe, in its history, so I believe that yes, the book belongs here. I also think that the world of dreams doesn't recognize divisions and exists everywhere, literature about it has been written everywhere, it isn't constrained by any one history or territory.

ABOUT THE AUTHOR

MARTA ZELWAN is a Polish writer based in Warsaw. She has published nine books, including collections of poetry, prose, and essays. Two of her books have been nominated for the Nike Award, Poland's most prestigious literary award, and her other honors include the Iskry Press Prize, the Literature Foundation Prize, the Stanisław Piętak Prize, the Edward Stachura Prize, and the Culture Foundation Prize.

ABOUT THE TRANSLATOR

VICTORIA MILUCH is a fiction writer and translator. Her stories have appeared in such publications as *Passages North, The Southeast Review,* and *The Adroit Journal,* and her translations can be found in *Asymptote* and the *Denver Quarterly.* A recipient of a Fulbright fellowship, she now lives abroad.

RECENT & FORTHCOMING FULL LENGTH OS PRINT::DOCUMENTS and PROJECTS, 2018-19

2019

Ark Hive-Marthe Reed
I Made for You a New Machine and All it Does is Hope - Richard Lucyshyn
Illusory Borders-Heidi Reszies
A Year of Misreading the Wildcats - Orchid Tierney
We Are Never The Victims - Timothy DuWhite
Of Color: Poets' Ways of Making | An Anthology of Essays on Transformative Poetics - Amanda Galvan Huynh & Luisa A. Igloria, Editors
The Suitcase Tree - Filip Marinovich
In Corpore Sano: Creative Practice and the Challenged* Body - Elae [Lynne DeSilva-Johnson] and Amanda Glassman, Editors

KIN(D)* TEXTS AND PROJECTS

A Bony Framework for the Tangible Universe-D. Allen
Opera on TV-James Brunton
Hall of Waters-Berry Grass
Transitional Object-Adrian Silbernagel

GLOSSARIUM: UNSILENCED TEXTS AND TRANSLATIONS

Śnienie / Dreaming - Marta Zelwan, (Poland, trans. Victoria Miluch)
Alparegho: Pareil-À-Rien / Alparegho, Like Nothing Else - Hélène Sanguinetti (France, trans. Ann Cefola)
High Tide Of The Eyes - Bijan Elahi (Farsi-English/dual-language) trans. Rebecca Ruth Gould and Kayvan Tahmasebian
In the Drying Shed of Souls: Poetry from Cuba's Generation Zero Katherine Hedeen and Víctor Rodríguez Núñez, translators/editors
Street Gloss - Brent Armendinger with translations for Alejandro Méndez, Mercedes Roffé, Fabián Casas, Diana Bellessi, and Néstor Perlongher (Argentina)
Operation on a Malignant Body - Sergio Loo (Mexico, trans. Will Stockton)
Are There Copper Pipes in Heaven - Katrin Ottarsdóttir (Faroe Islands, trans. Matthew Landrum)

2018

An Absence So Great and Spontaneous It Is Evidence of Light - Anne Gorrick
The Book of Everyday Instruction - Chloë Bass
Executive Orders Vol. II - a collaboration with the Organism for Poetic Research
One More Revolution - Andrea Mazzariello
Chlorosis - Michael Flatt and Derrick Mund
Sussuros a Mi Padre - Erick Sáenz
Abandoners - Lesley Ann Wheeler
Jazzercise is a Language - Gabriel Ojeda-Sague
Born Again - Ivy Johnson
Attendance - Rocío Carlos and Rachel McLeod Kaminer
Singing for Nothing - Wally Swist
Walking Away From Explosions in Slow Motion - Gregory Crosby
Field Guide to Autobiography - Melissa Eleftherion

KIN(D)* TEXTS AND PROJECTS

Sharing Plastic - Blake Neme
The Ways of the Monster - Jay Besemer

GLOSSARIUM: UNSILENCED TEXTS AND TRANSLATIONS

The Book of Sounds - Mehdi Navid (Farsi dual language, trans. Tina Rahimi
Kawsay: The Flame of the Jungle - María Vázquez Valdez (Mexico, trans. Margaret Randall)
Return Trip / Viaje Al Regreso - Israel Dominguez; (Cuba, trans. Margaret Randall)

for our full catalog please visit:
https://squareup.com/store/the-operating-system/

*deeply discounted Book of the Month and Chapbook Series subscriptions
are a great way to support the OS's projects and publications!*
sign up at: http://www.theoperatingsystem.org/subscribe-join/

GLOSSARIUM : UNSILENCED TEXTS

The Operating System's GLOSSARIUM: UNSILENCED TEXTS series was established in early 2016 in an effort to recover silenced voices outside and beyond the canon, seeking out and publishing both contemporary translations and little or un-known out of print texts, in particular those under siege by restrictive regimes and silencing practices in their home (or adoptive) countries. We are committed to producing dual-language versions whenever possible.

Few, even avid readers, are aware of the startling statistic reporting that less than three percent of all books published in the United States, per UNESCO, are works in translation. Less than one percent of these (closer to 0.7%) are works of poetry and fiction. You can imagine that even less of these are experiemental or radical works, in particular those from countries in conflict with the US or where funding is hard to come by.

Other countries are far, far ahead of us in reading and promoting international literature, a trend we should be both aware of and concerned about—how does it come to pass that our attentions become so myopic, and as a result, so under-informed? We see the publication of translations, especially in volume, to be a vital and necessary act for all publishers to require of themselves in the service of a more humane, globally aware, world. By publishing 7 titles in 2019, we stand to raise the number of translated books of literature published in the US this year *by a full percent*. We plan to continue this growth as much as possible.

The dual-language titles either in active circulation or forthcoming in this series include Arabic-English, Farsi-English, Polish-English, French-English, Faroese-English, Yaqui Indigenous American translations, and Spanish-English translations from Cuba, Argentina, Mexico, Uruguay, Bolivia, and Puerto Rico.

The term 'Glossarium' derives from latin/greek and is defined as 'a collection of glosses or explanations of words, especially of words not in general use, as those of a dialect, locality or an art or science, or of particular words used by an old or a foreign author.' The series is curated by OS Founder and Managing Editor Elæ [Lynne DeSilva-Johnson,] with the help of global collaborators and friends.

WHY PRINT / DOCUMENT?

The Operating System uses the language "print document" to differentiate from the book-object as part of our mission to distinguish the act of documentation-in-book-FORM from the act of publishing as a backwards-facing replication of the book's agentive *role* as it may have appeared the last several centuries of its history. Ultimately, I approach the book as TECHNOLOGY: one of a variety of printed documents (in this case, bound) that humans have invented and in turn used to archive and disseminate ideas, beliefs, stories, and other evidence of production.

Ownership and use of printing presses and access to (or restriction of printed materials) has long been a site of struggle, related in many ways to revolutionary activity and the fight for civil rights and free speech all over the world. While (in many countries) the contemporary quotidian landscape has indeed drastically shifted in its access to platforms for sharing information and in the widespread ability to "publish" digitally, even with extremely limited resources, the importance of publication on physical media has not diminished. In fact, this may be the most critical time in recent history for activist groups, artists, and others to insist upon learning, establishing, and encouraging personal and community documentation practices. Hear me out.

With The OS's print endeavors I wanted to open up a conversation about this: the ultimately radical, transgressive act of creating PRINT /DOCUMENTATION in the digital age. It's a question of the archive, and of history: who gets to tell the story, and what evidence of our life, our behaviors, our experiences are we leaving behind? We can know little to nothing about the future into which we're leaving an unprecedentedly digital document trail — but we can be assured that publications, government agencies, museums, schools, and other institutional powers that be will continue to leave BOTH a digital and print version of their production for the official record. Will we?

As a (rogue) anthropologist and long time academic, I can easily pull up many accounts about how lives, behaviors, experiences — how THE STORY of a time or place — was pieced together using the deep study of correspondence, notebooks, and other physical documents which are no longer the norm in many lives and practices. As we move our creative behaviors towards digital note taking, and even audio and video, what can we predict about future technology that is in any way assuring that our stories will be accurately told – or told at all? How will we leave these things for the record?

In these documents we say:
WE WERE HERE, WE EXISTED, WE HAVE A DIFFERENT STORY

- Elæ [Lynne DeSilva-Johnson], Founder/Creative Director
THE OPERATING SYSTEM, Brooklyn NY 2018

DOC U MENT
/däkyəmənt/

First meant "instruction" or "evidence," whether written or not.

noun - a piece of written, printed, or electronic matter that provides information or evidence or that serves as an official record
verb - record (something) in written, photographic, or other form
synonyms - paper - deed - record - writing - act - instrument

[Middle English, precept, from Old French, from Latin *documentum*, example, proof, from *docre*, to teach; see dek- in Indo-European roots.]

Who is responsible for the manufacture of value?

Based on what supercilious ontology have we landed in a space where we vie against other creative people in vain pursuit of the fleeting credibilities of the scarcity economy, rather than freely collaborating and sharing openly with each other in ecstatic celebration of MAKING?

While we understand and acknowledge the economic pressures and fear-mongering that threatens to dominate and crush the creative impulse, we also believe that
now more than ever we have the tools to relinquish agency via cooperative means,
fueled by the fires of the Open Source Movement.

Looking out across the invisible vistas of that rhizomatic parallel country we can begin to see our community beyond constraints, in the place where intention meets resilient, proactive, collaborative organization.

Here is a document born of that belief, sown purely of imagination and will. When we document we assert. We print to make real, to reify our being there. When we do so with mindful intention to address our process, to open our work to others, to create beauty in words in space, to respect and acknowledge the strength of the page we now hold physical, a thing in our hand, we remind ourselves that, like Dorothy: *we had the power all along, my dears.*

THE PRINT! DOCUMENT SERIES
is a project of
the trouble with bartleby
in collaboration with
the operating system

www.ingramcontent.com/pod-product-compliance
Lightning Source LLC
Chambersburg PA
CBHW030114100526
44591CB00009B/403